Tsunami Systems

*A New Wave of Ideas*

*Una Nueva Ola de Ideas*

# LEARN 101 VERBS IN 1 DAY

## Aprende En 1 Día 101 Verbos

**RORY RYDER**

**Francisco Garnica**

Tsunami Systems

**Published by**
Tsunami Systems, S.L.
Pje Mallofre, 3 Bajos, Sarriá, Barcelona, Spain
www.learnverbs.com

**First Edition Tsunami Systems S.L. 2004**
**First reprint Tsunami Systems S.L. 2005**


English Version
ISBN 84-609-4540-5

**Illustrated by Francisco Garnica**
**Photoshop specialist by Olivia Branco, olivia_branco@yahoo.es**

**Printed and bound by IGOL S.A.**
San Gabriel, 50, 08950, Esplugues de Llobregat, Spain



**Editorial**
Tsunami Systems, S.L.
Pje Mallofre, 3 Bajos, Sarriá, Barcelona, Spain
www.learnverbs.com

**Primera Edition Tsunami Systems S.L. 2004**


Versión Español
ISBN 84-609-5467-6

**Ilustraciones - Francisco Garnica**

**Printed and bound IGOL S.A.**
San Gabriel, 50, 08950, Esplugues de Llobregat, Spain

Tsunami Systems

*A New Wave of Ideas*

*Una Nueva Ola de Ideas*

Tsunami Systems was founded in 2003 in Barcelona, one of the world's most dynamic cities. Our company has quickly established itself internationally as a leader in innovative approaches to language learning. The `*Learn 101 Verbs in 1 Day*´ series, with its `unique interactive pronunciation website´ is a clear example of Tsunami Systems' philosophy. Our books are radically different from all other verb books as they encourage independent learning, whilst injecting fun and humour into the process.

---

Barcelona, una de las ciudades más cosmopolitas del mundo, vio nacer Tsunami Systems en el año 2003.A pesar de su corta vida, esta editorial se ha convertido en líder internacional gracias a su innovador método de aprendizaje de lenguas. La serie *Aprende 101 verbos en 1 día* y la página web de Pronunciación Interactiva que le acompaña son, sin duda, una clara muestra de la filosofía de Tsunami Systems: podrá aprender a su ritmo y con total autonomía las formas verbales y su pronunciación.'

**to Barcelona**

**a Barcelona**

# Reviews

## Testimonials from Heads of M.F.L. & Teachers using the books with their classes around the U.K.

**Sue Tricio** - Thurrock & Basildon College – *"This book is easy to refer to and very good for learning the raw forms of the verbs and the pictures are a great help for triggering the memory. The way the story comes together is quite amazing and students found the colour-coded verb tables extremely useful, allowing the eye to go straight to the tense they are working on. Students have found the speaking pronunciation on your website very useful and I would say that when it is used correctly this book is idiot-proof."*

**Suzi Turner** – Hulme Hall Grammar School – *"An invaluable and motivational learning tool which is bright and focused and easy for pupils to relate to. I think it's an extremely clever idea and I wish I'd thought of it myself - and got it published! Both the pupils & myself loved using it."*

**Mrs. K. Merino** – Head of Spanish – North London Collegiate School – *"My students really enjoy the pictures because they are intriguing and amusing and they thought the verb tables were excellent for revising for their GCSE Spanish exams."*

**Maggie Bowen** – Head of Year 11 – Priory Community School - *"An innovative & motivating book that fires the imagination, turning grammar into a non-frightening & enlightening element of learning a language. A much awaited medium that helps to accelerate student's learning & achievement."*

**Karen Brooks** – Spanish Teacher – Penrice Community College – *"Verbs are bought to life in this book through skilful use of humorous storytelling. This innovative approach to language learning transforms an often dull and uninspiring process into one which is refreshing and empowering."*

**Susana Boniface** - Kidderminster College - *"Beautifully illustrated, amusing drawings, guaranteed to stay easily in the mind. A very user-friendly book. Well Done!"*

**Sandra Browne Hart** – Great Cornard Technology College - *"Inspired – the colour-coding reinforces the dependable patterns of Spanish verbs, in* *whatever tense. The pictures are always entertaining - a reminder that we also learn through laughter and humour."*

**R. Place** – Tyne Metropolitan College – *"The understanding and learning of verbs is probably the key to improving communication at every level. With this book verbs can be learnt quickly and accurately."*

**Mrs. A. Coles** – High Down School – *"Superb presentation. Very clear colour-coding of different tenses. Nice opportunity to practice the pronunciation. It appealed to one colleague who had never done Spanish but wanted to get started 'after seeing the book.' A great compliment to you!"*

**Lynda McTier** – Lipson Community College - *"No more boring grammar lessons!!! This book is a great tool for learning verbs through excellent illustrations. A must-have for all language learners."*

**Christine Ransome** – Bearwood College - *"A real gem of a linguistic tool which will appeal to both the serious scholar and the more casual learner. The entertaining presentation of basic grammar is inspirational, and its simplicity means more retained knowledge, especially amongst dyslexic language scholars."*

**Ann Marie Buteman** – St Edwards – *"The book is attractive, enlightening and intriguing. The students enjoy the pictures and retain the meaning. The coloured system for tenses is great! Visually, the book maintains enthusiasm and inspires and accelerates the assimilation of verbs and tenses. Superb!"*

**Paul Delaney**- St Martins -*"We have relatively few Spanish students but we have to get them to GCSE quickly. This verb guide is an ideal supplement to their textbooks and an invaluable aid for coursework success. The free online resources are an added bonus and 100% of all students thought this website was a good idea."*

**Mrs. Eames** - Akeley Wood School – *Good quality, easy to use – and a fantastic idea of colouring the verbs. It's a super facility to have pronunciation on the website. Students have turned around from lack of enthusiasm & feeling overwhelmed by verbs to 'this is fun, Miss!' and learning 3 verbs in a lesson – a first, very impressed. This book has renewed my interest too."*

# Opiniones

## La opinión de PROFESORES

**Maggie Bowen** – *Priory Community School* – *"Innovador e imaginativo. Acerca la gramática de forma entendedora al alumno, acelerando su aprendizaje".*

**Karen Brooks** – *Penrice Community College* – *"Los verbos aparecen contextualizados gracias al uso de historias ocurrentes y divertidas. Un enfoque innovador que rompe con la monotonía del estudio gramatical".*

**Mrs G Bartolome** – *Plockton High School* – *"Una bocanada de aire fresco lleno de creatividad".*

**Susana Boniface** – *Kidderminster College* – *"Magníficamente ilustrado, visualmente atractivo. De lectura fácil y comprensible".*

**Dr Marianne Ofner** – *Whitgift School* – *"Ideal para aprender los veros de forma amena, promoviendo la autonomía de los alumnos".*

**Gail Bruce** – *Woodhouse Grove School* – *"Estoy encantado con la respuesta positiva de mis alumnos tras utilizar este método. Enhorabuena".*

**Janet R Holland** – *Moorland School* – *"Estructura clara y simple con ilustraciones atractivas y llenas de colorido. Su guía de pronunciación es muy útil para la preparación de exámenes orales.".*

**Cheryl Smedley** – *Manchester Academy* – *"Da respuesta a las necesidades individuales de los alumnos".*

**R Place** – *Tynemouth College* – *"Entender y dominar las formas verbales es esencial para mejorar la expresión oral. Con este libro el alumno aprenderá los verbos de forma rápida y eficaz".*

**Mrs C Quirk** – *Northwood College* – *"Su presentación humaniza un aspecto gramatical complicado y provoca el interés del lector, facilitando la memorización o el repaso".*

## y ESTUDIANTES

**Will Fergie** – *(EBAY)* – *"El método es el sueño de cualquier estudiante. Interesante, sencillo de usar, claro, conciso y divertido. Un nuevo concepto en la enseñanza de idiomas".*

**Alice Dobson** – *Hull High School* – *"Un libro único y esencial para comprender las formas verbales con unas ilustraciones excepcionales".*

**Tamara Oughtred** – *Hull Grammar School* – *"Enhorabuena por crear un libro que no haga bostezar a los cinco minutos de lectura".*

# Introduction

**Memory** When learning a language, we often have problems remembering the words; it does not mean we have totally forgotten them. It just means that we can't recall them at that particular moment. This book is designed to help people recall the verbs and their conjugations instantly.

**The Research** Research has shown that one of the most effective ways to remember something is by association. The way the verb (keyword) has been hidden in each illustration to act as a retrieval cue stimulates long-term memory. This method is 7 times more effective than passively reading and responding to a list of verbs.

> *"I like the idea of pictures to help students learn verbs. This approach is radically different from many other more traditional approaches. I feel that many students will find this approach effective and extremely useful in their language learning."*
>
> **Cathy Yates** – *Mid Warwickshire College*

**New Approach** Most grammar and verb books relegate the vital task of learning verbs to a black & white world of bewildering tables, leaving the student bored and frustrated. LEARN 101 VERBS IN 1 DAY is committed to clarifying the importance of this process through stimulating the senses not by dulling them.

**Beautiful Illustrations** The illustrations come together to form a story, an approach beyond conventional verb books. To make the most of this book, spend time with each picture to become familiar with everything that is happening. The pictures construct a story involving characters, plots & subplots, with clues

> *"An innovative way of looking at the often tedious task of learning verbs. Clever illustrations are memorable and this is the way forward – visual interest is vital for the modern day pupil."*
>
> **Tessa Judkins** – *Canbury School*

that add meaning to other pictures. Some pictures are more challenging than others, adding to the fun but, more importantly, aiding the memory process.

**Keywords** We have called the infinitive the 'keyword' to refer to its central importance in remembering the 36 ways it can be used. Once you have located the keyword and made the connection with the illustration, you can start to learn each colour-tense.

> "Apart from the colourful and clear layout of the verbs, the wonderful pictures are a source of inspiration even for the most bored of minds and can lead to all kinds of discussions at different levels of learning. Hiding the verbs in the picture is a great version of "Where's Wally" AND the book has a story-line!"
>
> **Andy Lowe** – The Bolitho School

**Colour-Coded Verb Tables** The verb tables are designed to save learners valuable time by focusing their attention and allowing them to make immediate connections between the subject and verb. Making this association clear & simple from the beginning gives them more confidence to start speaking the language.

**Independent Learning** LEARN 101 VERBS IN 1 DAY can be used as a self-study book, or it can be used as part of a teacher-led course. Pronunciation of all the verbs and their conjugations (spoken by a native speaker) are available online at:

> *"The online pronunciation guide is an excellent tool. Why bother with silly phonetics when you can actually hear a native speaker pronounce it?"*
>
> *www.barcelonaconnect.com*

www.learnverbs.com.

**Master the Verbs** Once you are confident with each colour-tense, congratulate yourself because you will have learnt over 3600 verb forms - an achievement that takes some people years to master!

# Introducción

**Recordar** El hecho de no recordar un verbo en un momento determinado no significa que lo hayamos olvidado por completo. Este libro está diseñado para ayudarnos a recordar rápidamente el verbo y sus conjugaciones.

**Ilustraciones** Las características más innovadoras de este libro son la ilustración de una situación para entender o recordar el significado del verbo en cuestión y la utilización de un código de colores para identificar los tiempos verbales.

> *"Me encanta la idea de usar dibujos para ayudar a los alumnos a aprender los verbos. Este enfoque es totalmente diferente al utilizado por la mayoría de gramáticas tradicionales. Estoy convencida de que para muchos alumnos este método será una herramienta útil y eficaz".*
>
> **Cathy Yates** – *Mid Warwickshire College*

**Enfoque Revolucionario** Learn 101 Verbs in 1 Day representa un enfoque revolucionario en el aprendizaje de idiomas, centrándose en los verbos más utilizados y facilitando su rápida memorización o su simple repaso.

**Aprendizaje Básico** No cabe duda que el aprendizaje de las conjugaciones verbales es básico para alcanzar el dominio de cualquier lengua. A pesar de ello, la mayoría de gramáticas relegan este aspecto a una multitud de tablas desconcertantes y monótonas que simplemente consiguen la frustración y el abandono del alumno.

> *"Presentación colorista e ilustraciones atractivas que motivan al lector y le ayudan a reconocer los verbos".*
>
> **Kant Mann** – *Beechen Cliff*

En cambio, el libro que tiene en sus manos hará del estudio de los tiempos verbales una experiencia divertida y gratificante gracias al uso de ilustraciones llamativas y tablas de colores, ahorrándole tiempo y animándole al uso de la expresión oral del idioma.

**Innovación Pedagógica** Diversos estudios han demostrado que una de las estrategias más eficaces que existen para recordar lo aprendido es la asociación de ideas. Por ello, la forma en la que el verbo se esconde en cada ilustración no es casual. El aprendizaje activo y no la lectura pasiva de un listado de infinitivos quintuplica su facilidad para una memorización posterior.

Para aprovechar al máximo este libro, examine con detenimiento cada ilustración hasta familiarizarse con todos los detalles. Descubrirá un relato, personajes que aparecen en diversas ocasiones, simbolismos, argumentos principales y secundarios e ilustraciones que se complementan las unas con las otras.

> *"Claro y útil para distinguir las formas verbales. Considerado el mejor libro de verbos por los alumnos".*
>
> **Andrea White** – *Bristol Grammar School*

En algunos casos, le será difícil descifrar el verbo que describe la situación. Pero no se preocupe, ello estimulará tanto su interés como la memoria.

**Palabras Clave** El infinitivo constituye la palabra clave ya que mediante su aprendizaje y visualización conseguirá recordar fácilmente las treinta y seis formas en que puede ser usado. Una vez haya localizado el verbo y la ilustración, puede empezar a estudiar cada color (que marca un tiempo verbal)

**Estimulando el Aprendizaje Autónomo** Learn 101 Verbs in 1 day puede ser utilizado como libro de autoaprendizaje o puede complementar cualquier método o clase. La pronunciación de los verbos y sus respectivas conjugaciones puede consultarse en Internet en la siguiente página web:

> *"La guía de pronunciación online es una herramienta excelente. ¿Por qué complicarse en explicar símbolos fonéticos cuando se puede oír la pronunciación de un nativo?"*
>
> *www.barcelonaconnect.com*

www.learnverbs.com.

La guía de pronunciación online es una herramienta excelente. ¿Por qué complicarse en explicar símbolos fonéticos cuando se puede oír la pronunciación de un nativo?

**Domine los Verbos Rápidamente** Una vez se haya familiarizado con cada color (tiempo verbal), ¡enhorabuena! – Significa que ha aprendido más de 3600 formas verbales en un tiempo récord, ya que muchas personas tardan años en conseguirlo.

# Age Guide

| AGE | Locate all verbs in the 101 illustrations. | Learn Tense(s). | Build sentences using the verbs. | Go to website and learn the pronounciation of the verb. | Have full command of all conjugations spoken and written. |
|---|---|---|---|---|---|
| 8-12 | ✓ | ● | ✗ | ✗ | ✗ |
| 12-16 | ✓ | ● ● ● | ✓ | ✓ | ✗ |
| Advanced | ✓ | ● ● ● ● ● ● | ✓ | ✓ | ✓ |

# Manual de uso por edades

| EDAD | Identificar los verbos de las 101 ilustraciones. | Aprender los tiempos verbales. | Hacer frases con los verbos. | Aprender la pronunciación de los verbos online. | Dominar las conjugaciones a nivel oral y escrito. |
|---|---|---|---|---|---|
| 8-12 | ✓ | ● | ✗ | ✗ | ✗ |
| 12-16 | ✓ | ● ● ● | ✓ | ✓ | ✗ |
| Avanzado | ✓ | ● ● ● ● ● ● | ✓ | ✓ | ✓ |

# Regular Verbs

| | | -are Parlare | | -ere Sbattere | | -ire Sentire | |
|---|---|---|---|---|---|---|---|
| PRESENTE | Io | Parl | o | Sbatt | o | Sent | o |
| | Tu | Parl | i | Sbatt | i | Sent | i |
| | Lei | Parl | a | Sbatt | e | Sent | e |
| | Noi | Parl | iamo | Sbatt | iamo | Sent | iamo |
| | Voi | Parl | ate | Sbatt | ete | Sent | ite |
| | Loro | Parl | ano | Sbatt | ono | Sent | ono |
| IMPERFETTO | Io | Parl | avo | Sbatt | evo | Sent | ivo |
| | Tu | Parl | avi | Sbatt | evi | Sent | ivi |
| | Lei | Parl | ava | Sbatt | eva | Sent | iva |
| | Noi | Parl | avamo | Sbatt | evamo | Sent | ivamo |
| | Voi | Parl | avate | Sbatt | evate | Sent | ivate |
| | Loro | Parl | avano | Sbatt | evano | Sent | ivano |
| PASSATO REMOTO | Io | Parl | ai | Sbatt | ei | Sent | ii |
| | Tu | Parl | asti | Sbatt | esti | Sent | iste |
| | Lei | Parl | ò | Sbatt | é | Sent | ì |
| | Noi | Parl | ammo | Sbatt | emmo | Sent | immo |
| | Voi | Parl | aste | Sbatt | este | Sent | iste |
| | Loro | Parl | arono | Sbatt | erono | Sent | irono |
| FUTURO | Io | Parler | ò | Sbatter | ò | Sentir | ò |
| | Tu | Parler | ai | Sbatter | ai | Sentir | ai |
| | Lei | Parler | à | Sbatter | à | Sentir | à |
| | Noi | Parler | emo | Sbatter | emo | Sentir | emo |
| | Voi | Parler | ete | Sbatter | ete | Sentir | ete |
| | Loro | Parler | anno | Sbatter | anno | Sentir | anno |
| CONDIZIONALE | Io | Parler | ei | Sbatter | ei | Sentir | ei |
| | Tu | Parler | esti | Sbatter | esti | Sentir | esti |
| | Lei | Parler | ebbe | Sbatter | ebbe | Sentir | ebbe |
| | Noi | Parler | emmo | Sbatter | emmo | Sentir | emmo |
| | Voi | Parler | esti | Sbatter | este | Sentir | este |
| | Loro | Parler | ebbero | Sbatter | ebbero | Sentir | ebbero |
| PASSATO PROSSIMO | Io | Ho parl | ato | Ho sbatt | uto | Ho sent | ito |
| | Tu | Hai parl | ato | Hai sbatt | uto | Hai sent | ito |
| | Lei | Ha parl | ato | Ha sbatt | uto | Ha sent | ito |
| | Noi | Abbiamo parl | ato | Abbiamo sbatt | uto | Abbiamo sent | ito |
| | Voi | Avete parl | ato | Avete sbatt | uto | Avete sent | ito |
| | Loro | Hanno parl | ato | Hanno sbatt | uto | Hanno sent | ito |

learnverbs.com

| Sub. | Presente | Imperfetto | Passato Remoto | Futuro | Cond | Passato Prossimo. |
|---|---|---|---|---|---|---|
| Io | dirigo | dirigevo | diressi | dirigerò | dirigerei | ho diretto |
| Tu | dirigi | dirigevi | dirigesti | dirigerai | dirigeresti | hai diretto |
| Lui Lei | dirige | dirigeva | diresse | dirigerà | dirigerebbe | ha diretto |
| Noi | dirigiamo | dirigevamo | dirigemmo | dirigeremo | dirigeremmo | abbiamo diretto |
| Voi | dirigete | dirigevate | dirigeste | dirigerte | dirigereste | avete diretto |
| Loro | dirigono | dirigevano | diressero | dirigeranno | dirigerebbero | hanno diretto |

# Avere

2

## to have | tener

learnverbs.com

| Sub. | Presente | Imperfetto | Passato Remoto | Futuro | Cond | Passato Prossimo. |
|---|---|---|---|---|---|---|
| Io | ho | avevo | ebbi | avrò | avrei | ho avuto |
| Tu | hai | avevi | avesti | avrai | avesti | hai avuto |
| Lui Lei | ha | aveva | ebbe | avrà | avrebbe | ha avuto |
| Noi | abbiamo | avevamo | avemmo | avremo | avremmo | abbiamo avuto |
| Voi | avete | avevate | aveste | avrete | avreste | avete avuto |
| Loro | hanno | avevano | ebbero | avranno | avrebbero | hanno avuto |

| Sub. | Presente | Imperfetto | Passato Remoto | Futuro | Cond | Passato Prossimo. |
|---|---|---|---|---|---|---|
| Io | voglio | volevo | volli | vorrò | vorrie | ho voluto |
| Tu | vuoi | volevi | volesti | vorrai | vorresti | hai voluto |
| Lui Lei | vuole | voleva | volle | vorrà | vorrebbe | ha voluto |
| Noi | vogliamo | volevamo | volemmo | vorremo | vorremmo | abbiamo voluto |
| Voi | volete | volevate | voleste | vorrete | vorreste | avete voluto |
| Loro | vogliono | volevano | vollero | vorranno | vorrebbero | hanno voluto |

learnverbs.com

| Sub. | Presente | Imperfetto | Passato Remoto | Futuro | Cond | Passato Prossimo. |
|---|---|---|---|---|---|---|
| Io | posso | potevo | potei | potrò | potrei | ho potuto |
| Tu | puoi | potevi | potesti | potrai | potresti | hai potuto |
| Lui Lei | può | poteva | potè | potrà | potrebbe | ha potuto |
| Noi | possiamo | potevamo | potemmo | potremo | potremmo | abbiamo-potuto |
| Voi | potete | potevate | poteste | potrete | potreste | avete potuto |
| Loro | possono | potevano | poterono | potranno | potrebbero | hanno potuto |

# Creare

learnverbs.com

| Sub. | Presente | Imperfetto | Passato Remoto | Futuro | Cond | Passato Prossimo. |
|---|---|---|---|---|---|---|
| Io | creo | creavo | creai | creerò | creerei | ho creato |
| Tu | crei | creavi | creasti | creerai | creeresti | hai creato |
| Lui Lei | crea | creava | creò | creerà | creerebbe | ha creato |
| Noi | creiamo | creavamo | creammo | creeremo | creeremmo | abbiamo-creato |
| Voi | create | creavate | creaste | creerete | creereste | avete creato |
| Loro | creano | creavano | crearono | creeranno | creerebbero | hanno creato |

# Dipingere



**to paint | pintar**

learnverbs.com

| Sub. | Presente | Imperfetto | Passato Remoto | Futuro | Cond | Passato Prossimo. |
|---|---|---|---|---|---|---|
| Io | dipingo | dipingevo | dipinsi | dipingerò | dipingerei | ho dipinto |
| Tu | dipingi | dipingevi | dipingesti | dipingerai | dipingeresti | hai dipinto |
| Lui Lei | dipinge | dipingeva | dipinse | dipingerà | dipingerebbe | ha dipinto |
| Noi | dipingiamo | dipingevamo | dipingemmo | dipingeremo | dipingeremmo | abbiamo-dipinto |
| Voi | dipingete | dipingevate | dipingeste | dipingerete | dipingereste | avete dipinto |
| Loro | dipingono | dipingevano | dipinsero | dipingeranno | dipingerebbero | hanno dipinto |

# Ballare

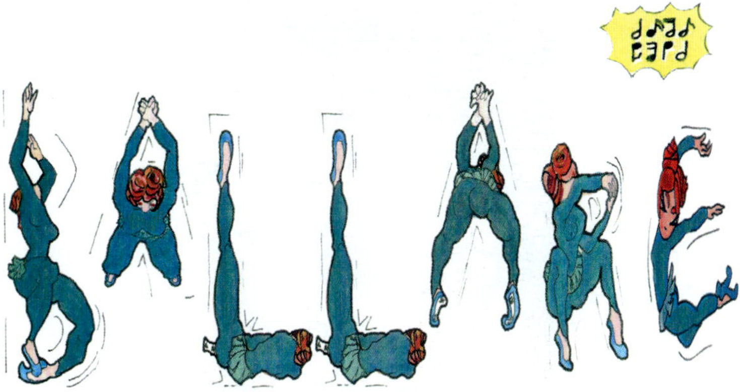

learnverbs.com

| Sub. | Presente | Imperfetto | Passato Remoto | Futuro | Cond | Passato Prossimo. |
|---|---|---|---|---|---|---|
| Io | ballo | ballavo | ballai | ballerò | ballerei | ho ballato |
| Tu | balli | ballavi | ballasti | ballerai | balleresti | hai ballato |
| Lui Lei | balla | ballava | ballò | ballerà | ballerebbe | ha ballato |
| Noi | balliamo | ballavamo | ballammo | balleremo | balleremmo | abbiamo ballato |
| Voi | ballate | ballavate | ballaste | ballerete | ballereste | avete ballato |
| Loro | ballano | ballavano | ballarono | balleranno | ballerebbero | hanno ballato |

learnverbs.com

| Sub. | Presente | Imperfetto | Passato Remoto | Futuro | Cond | Passato Prossimo. |
|---|---|---|---|---|---|---|
| Io | leggo | leggevo | lessi | leggerò | leggerei | ho letto |
| Tu | leggi | leggevi | leggesti | leggerai | leggeresti | hai letto |
| Lui Lei | legge | leggeva | lesse | leggerà | leggerebbe | ha letto |
| Noi | leggiamo | leggevamo | leggemmo | leggeremo | leggeremmo | abbiamo letto |
| Voi | leggete | leggevate | leggeste | leggerete | leggereste | avete letto |
| Loro | leggono | leggevano | lessero | leggeranno | leggerebbero | hanno letto |

# Smettere

learnverbs.com

| Sub. | Presente | Imperfetto | Passato Remoto | Futuro | Cond | Passato Prossimo. |
|---|---|---|---|---|---|---|
| Io | smetto | smettevo | smisi | smetterò | smetterei | ho smesso |
| Tu | smetti | smettevi | smettesti | smetterai | smetteresti | hai smesso |
| Lui Lei | smette | smetteva | smise | smetterà | smetterebbe | ha smesso |
| Noi | smettiamo | smettevamo | smettemmo | smetteremo | smetteremmo | abbiamo smesso |
| Voi | smettete | smettevate | smetteste | smetterete | smettereste | avete smesso |
| Loro | smettono | smettevano | smisero | smetteranno | smetterebbero | hanno smesso |

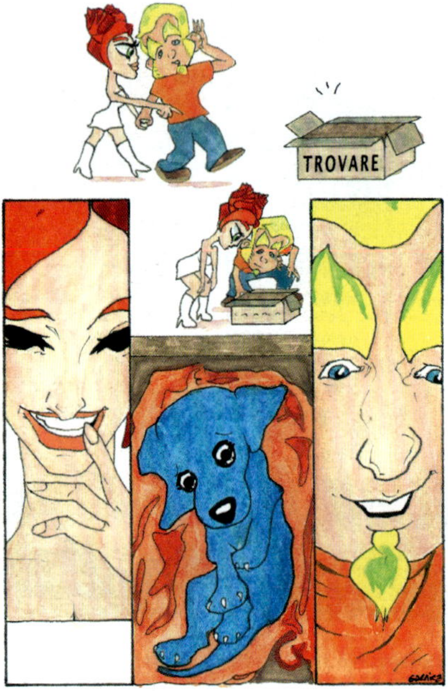




| Sub. | Presente | Imperfetto | Passato Remoto | Futuro | Cond | Passato Prossimo. |
|---|---|---|---|---|---|---|
| Io | trovo | trovavo | trovai | troverò | troverei | ho trovato |
| Tu | trovi | trovavi | trovasti | troverai | troveresti | hai trovato |
| Lui Lei | trova | trovava | trovò | troverà | troverebbe | ha trovato |
| Noi | troviamo | trovavamo | trovammo | troveremo | troveremmo | abbiamo trovato |
| Voi | trovate | trovavate | trovaste | troverete | trovereste | avete trovato |
| Loro | trovano | trovavano | trovarono | troveranno | troverebbero | hanno trovato |

# Crescere

learnverbs.com

| Sub. | Presente | Imperfetto | Passato Remoto | Futuro | Cond | Passato Prossimo. |
|---|---|---|---|---|---|---|
| Io | cresco | crescevo | crebbi | crescerò | crescerei | sono-cresciuto |
| Tu | cresci | crescevi | crescesti | crescerai | cresceresti | sei cresciuto |
| Lui Lei | cresce | cresceva | crebbe | crescerà | crescerebbe | è cresciuto |
| Noi | cresciamo | crescevamo | crescemmo | cresceremo | cresceremmo | siamo-cresciuti |
| Voi | crescete | crescevate | cresceste | crescerete | crescereste | siete cresciuti |
| Loro | crescono | crescevano | crebbero | cresceranno | crescerebbero | sono cresciuti |

# Portare



**to bring | traer**

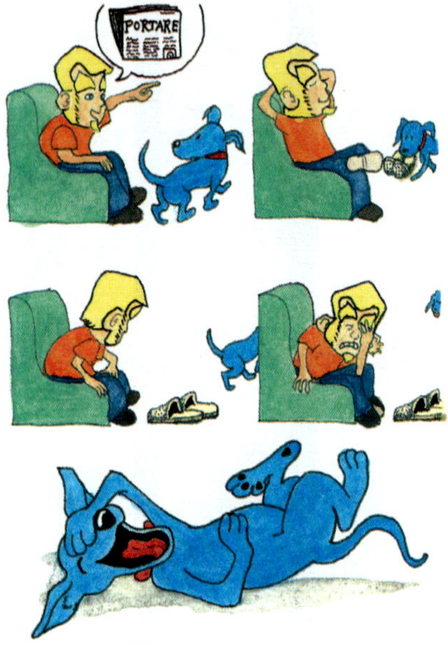


learnverbs.com

| Sub. | Presente | Imperfetto | Passato Remoto | Futuro | Cond | Passato Prossimo. |
|---|---|---|---|---|---|---|
| Io | porto | portavo | portai | porterò | porterei | ho portato |
| Tu | porti | portavi | portasti | porterai | porteresti | hai portato |
| Lui Lei | porta | portava | portò | porterà | porterebbe | ha portado |
| Noi | portiamo | portavamo | portammo | porteremo | porteremmo | abbiamo portato |
| Voi | portate | portavate | portaste | porterete | portereste | avete portato |
| Loro | portano | portavano | portarono | porteranno | porterebbero | hanno portato |

learnverbs.com

| Sub. | Presente | Imperfetto | Passato Remoto | Futuro | Cond | Passato Prossimo. |
|---|---|---|---|---|---|---|
| Io | cucino | cucinavo | cucinai | cucinerò | cucinerei | ho cucinato |
| Tu | cucini | cucinavi | cucinasti | cucinerai | cucineresti | hai cucinato |
| Lui Lei | cucina | cucinava | cucinò | cucinerà | cucinerebbe | ha cucinato |
| Noi | cuciniamo | cucinavamo | cucinammo | cucineremo | cucineremmo | abbiamo cucinato |
| Voi | cucinate | cucinavate | cucinaste | cucinerete | cucinereste | avete cucinato |
| Loro | cucinano | cucinavano | cucinarono | cucineranno | cucinerebbero | hanno cucinato |

learnverbs.com

| Sub. | Presente | Imperfetto | Passato Remoto | Futuro | Cond | Passato Prossimo. |
|---|---|---|---|---|---|---|
| Io | piaccio | piacevo | piacqui | piacerò | piacerei | sono piaciuto |
| Tu | piaci | piacevi | piacesti | piacerai | piaceresti | sei piaciuto |
| Lui Lei | piace | piaceva | piacque | piacerà | piacerebbe | è piaciuto |
| Noi | piacciamo | piacevamo | piacemmo | piaceremo | piaceremmo | siamo piaciuti |
| Voi | piacete | piacevate | piaceste | piacerete | piacereste | siete piaciuti |
| Loro | piacciono | piacevano | piacquero | piaceranno | piacerebbero | sono piaciuti |

learnverbs.com

| Sub. | Presente | Imperfetto | Passato Remoto | Futuro | Cond | Passato Prossimo. |
|---|---|---|---|---|---|---|
| Io | apro | aprivo | apii/apersi | aprirò | aprirei | ho aperto |
| Tu | apri | aprivi | apristi | aprirai | apriresti | hai aperto |
| Lui Lei | apre | apriva | aprì/aperse | aprirà | aprirebbe | ha aperto |
| Noi | apriamo | aprivamo | aprimmo | apriremo | apriremmo | abbiamo aperto |
| Voi | aprite | aprivate | apriste | aprirte | aprireste | avete aperto |
| Loro | aprono | aprivano | aprirono, apersero | apriranno | aprirebbero | hanno aperto |

learnverbs.com

| Sub. | Presente | Imperfetto | Passato Remoto | Futuro | Cond | Passato Prossimo. |
|---|---|---|---|---|---|---|
| Io | bevo | bevevo | bevvi | berrò | berrei | ho bevuto |
| Tu | bevi | bevevi | bevesti | berrai | berresti | hai bevuto |
| Lui Lei | beve | beveva | bevve | berrà | berrebbe | ha bevuto |
| Noi | beviamo | bevevamo | bevemmo | berremo | berremmo | abbiamo bevuto |
| Voi | bevete | bevevate | beveste | berrete | berreste | avete bevuto |
| Loro | bevono | bevevano | bevvero | berranno | berrebbero | hanno bevuto |

learnverbs.com

| Sub. | Presente | Imperfetto | Passato Remoto | Futuro | Cond | Passato Prossimo. |
|---|---|---|---|---|---|---|
| Io | canto | cantavo | cantai | canterò | canterei | ho cantato |
| Tu | canti | cantavi | cantasti | canterai | canteresti | hai cantato |
| Lui Lei | canta | cantava | cantò | canterà | canterebbe | ha cantato |
| Noi | cantiamo | cantavamo | cantammo | canteremo | canteremmo | abbiamo cantato |
| Voi | cantate | cantavate | cantaste | canterete | cantereste | avete cantato |
| Loro | cantano | cantavano | cantarono | canteranno | canterebbero | hanno cantato |

# Dormire  to sleep | dormir

learnverbs.com

| Sub. | Presente | Imperfetto | Passato Remoto | Futuro | Cond | Passato Prossimo. |
|---|---|---|---|---|---|---|
| Io | dormo | dormivo | dormii | dormirò | dormirei | ho dormito |
| Tu | dormi | dormivi | dormisti | dormirai | dormiresti | hai dormito |
| Lui Lei | dorme | dormiva | dormì | dormirà | dormirebbe | ha dormito |
| Noi | dormiamo | dormivamo | dormimmo | dormiremo | dormiremmo | abbiamo dormito |
| Voi | dormite | dormivate | dormiste | dormirete | dormireste | avete dormito |
| Loro | dormono | dormivano | dormirono | dormiranno | dormirebbero | hanno dormito |

learnverbs.com

| Sub. | Presente | Imperfetto | Passato Remoto | Futuro | Cond | Passato Prossimo. |
|---|---|---|---|---|---|---|
| Io | scendo | scendevo | scesi | scenderò | scenderei | sono sceso |
| Tu | scendi | scendevi | scendesti | scenderai | scenderesti | sei sceso |
| Lui Lei | scende | scendeva | scese | scenderà | scenderebbe | è sceso |
| Noi | scendiamo | scendevamo | scendemmo | scenderemo | scenderemmo | siamo scesi |
| Voi | scendete | scendevate | scendeste | scenderete | scendereste | siete scesi |
| Loro | scendono | scendevano | scesero | scenderanno | scenderebbero | sono scesi |

# Sedersi



to sit down | sentarse

learnverbs.com

| Sub. | Presente | Imperfetto | Passato Remoto | Futuro | Cond | Passato Prossimo. |
|---|---|---|---|---|---|---|
| Io | mi siedo | mi sedevo | mi sedei/ mi sedetti | mi siederò | mi siederei | mi sono seduto |
| Tu | ti siedi | ti sedevi | ti sedesti | ti siederai | ti siederesti | ti sei seduto |
| Lui Lei | si siede | si sedeva | si sedè/ si sedette | si siederà | si siederebbe | si è seduto |
| Noi | ci sediamo | ci sedevamo | ci sedemmo | ci siederemo | ci siederemmo | ci siamo seduti |
| Voi | vi sedete | vi sedevate | vi sedeste | vi siederete | vi siedereste | vi siete seduti |
| Loro | si siedono | si sedevano | si sederono/ si sedettero | si siederanno | si sederebbero | si sono seduti |

learnverbs.com

| Sub. | Presente | Imperfetto | Passato Remoto | Futuro | Cond | Passato Prossimo. |
|---|---|---|---|---|---|---|
| Io | gioco | giocavo | giocai | giocherò | giocherei | ho giocato |
| Tu | giochi | giocavi | giocasti | giocherai | giocheresti | hai giocato |
| Lui Lei | gioca | giocava | giocò | giocherà | giocherebbe | ha giocato |
| Noi | giochiamo | giocavamo | giocammo | giocheremo | giocheremmo | abbimo giocato |
| Voi | giocate | giocavate | giocaste | giocherete | giochereste | avete giocato |
| Loro | giocano | giocavano | giocarono | giocheranno | giocherebbero | hanno giocato |

learnverbs.com

| Sub. | Presente | Imperfetto | Passato Remoto | Futuro | Cond | Passato Prossimo. |
|---|---|---|---|---|---|---|
| Io | metto | mettevo | misi | metterò | metterei | ho messo |
| Tu | metti | mettevi | mettesti | metterai | metteresti | hai messo |
| Lui Lei | mette | metteva | mise | metterà | metterebbe | ha messa |
| Noi | mettiamo | mettevamo | mettemmo | metteremo | metteremmo | abbiamo messa |
| Voi | mettete | mettevate | metteste | metterete | mettereste | avete messo |
| Loro | mettono | mettevano | misero | metteranno | metterebbero | hanno messo |

| Sub. | Presente | Imperfetto | Passato Remoto | Futuro | Cond | Passato Prossimo. |
|---|---|---|---|---|---|---|
| Io | perdo | perdevo | persi | perderò | perderei | ho perso |
| Tu | perdi | perdevi | perdesti | perderai | perderesti | hai perso |
| Lui Lei | perde | perdeva | perse | perderà | perderebbe | ha perso |
| Noi | perdiamo | perdevamo | perdemmo | perderemo | perderemmo | abbiamo perso |
| Voi | perdete | perdevate | perdeste | perderete | perdereste | avete perso |
| Loro | perdono | perdevano | persero | perderanno | perderebbero | hanno perso |

learnverbs.com

| Sub. | Presente | Imperfetto | Passato Remoto | Futuro | Cond | Passato Prossimo. |
|---|---|---|---|---|---|---|
| Io | sveglio | svegliavo | svegliai | sveglierò | sveglierei | ho svegliato |
| Tu | svegli | svegliavi | svegliasti | sveglierai | sveglieresti | hai svegliato |
| Lui Lei | sveglia | svegliava | svegliò | sveglierà | sveglierebbe | ha svegliato |
| Noi | svegliamo | svegliavamo | svegliammo | sveglieremo | sveglieremmo | abbiamo svegliato |
| Voi | svegliate | svegliavate | svegliaste | sveglierete | svegliereste | avete svegliato |
| Loro | svegliano | svegliavano | svegliarono | sveglieranno | sveglierebbero | hanno svegliato |

learnverbs.com

| Sub. | Presente | Imperfetto | Passato Remoto | Futuro | Cond | Passato Prossimo. |
|---|---|---|---|---|---|---|
| Io | corro | correvo | corsi | correrò | correrei | ho corso |
| Tu | corri | correvi | corresti | correrai | correresti | hai corso |
| Lui Lei | corre | correva | corse | correrà | correrebbe | ha corso |
| Noi | corriamo | correvamo | corremmo | correremo | correremmo | abbiamo corso |
| Voi | correte | correvate | correste | correrete | correrste | avete corso |
| Loro | corrono | correvano | corsero | correranno | correrebbero | hanno corso |

| Sub. | Presente | Imperfetto | Passato Remoto | Futuro | Cond | Passato Prossimo. |
|---|---|---|---|---|---|---|
| Io | cado | cadevo | caddi | cadrò | cadrei | sono caduto |
| Tu | cadi | cadevi | cadesti | cadrai | cadresti | sei caduto |
| Lui Lei | cade | cadeva | cadde | cadrà | cadrebbe | è caduto |
| Noi | cadiamo | cadevamo | cademmo | cadremo | cadremmo | siamo caduti |
| Voi | cadete | cadevate | cadeste | cadrete | cadreste | siete caduti |
| Loro | cadono | cadevano | caddero | cadranno | cadrebbero | sono caduti |

# Cercare

learnverbs.com

| Sub. | Presente | Imperfetto | Passato Remoto | Futuro | Cond | Passato Prossimo. |
|---|---|---|---|---|---|---|
| Io | cerco | cercavo | cercai | cercherò | cercherei | ho cercato |
| Tu | cerchi | cercavi | cercasti | cercherai | cercheresti | hai cercato |
| Lui Lei | cerca | cercava | cercò | cercherà | cercherebbe | ha cercato |
| Noi | cerchiamo | cercavamo | cercammo | cercheremo | cercheremmo | abbiamo cercato |
| Voi | cercate | cercavate | cercaste | cercherete | cerchereste | avete cercato |
| Loro | cercano | cercavano | cercarono | cercheranno | cercherebbero | hanno cercato |

learnverbs.com

| Sub. | Presente | Imperfetto | Passato Remoto | Futuro | Cond | Passato Prossimo. |
|---|---|---|---|---|---|---|
| Io | esco | uscivo | uscii | uscirò | uscirei | sono uscito |
| Tu | esci | uscivi | uscisti | uscirai | usciresti | sei uscito |
| Lui Lei | esce | usciva | uscì | uscirà | uscirebbe | è uscito |
| Noi | usciamo | uscivamo | uscimmo | usciremo | usciremmo | siamo usciti |
| Voi | uscite | uscivate | usciste | uscirete | uscireste | siete usciti |
| Loro | escono | uscivano | uscirono | usciranno | uscirebbero | sono usciti |

# Lavarsi

| Sub. | Presente | Imperfetto | Passato Remoto | Futuro | Cond | Passato Prossimo. |
|---|---|---|---|---|---|---|
| Io | mi lavo | mi lavavo | mi lavai | mi laverò | mi laverei | mi sono lavato |
| Tu | ti lavi | ti lavavi | ti lavasti | ti laverai | ti laveresti | ti sei lavato |
| Lui Lei | si lava | si lavava | si lavò | si laverà | si laverebbe | si è lavato |
| Noi | ci laviamo | ci lavavamo | ci lavammo | ci laveremo | ci laveremmo | ci siamo lavati |
| Voi | vi lavate | vi lavavate | vi lavaste | vi laverete | vi lavereste | vi siete lavati |
| Loro | si lavano | si lavavano | si lavarono | si laveranno | si laverebbero | si sono lavati |

learnverbs.com

| Sub. | Presente | Imperfetto | Passato Remoto | Futuro | Cond | Passato Prossimo. |
|---|---|---|---|---|---|---|
| Io | pettino | pettinavo | pettinai | pettinerò | pettinerei | ho pettinato |
| Tu | pettini | pettinavi | pettinasti | pettinerai | pettineresti | hai pettinato |
| Lui Lei | pettina | pettinava | pettinò | pettinerà | pettinerebbe | ha pettinato |
| Noi | pettiniamo | pettinavamo | pettinammo | pettineremo | pettineremmo | abbiamo pettinato |
| Voi | pettinate | pettinavate | pettinaste | pettinerete | pettinereste | avete pettinato |
| Loro | pettinano | pettinavano | pettinarono | pettineranno | pettinerebbero | hanno pettinato |

# Vestire

learnverbs.com

| Sub. | Presente | Imperfetto | Passato Remoto | Futuro | Cond | Passato Prossimo. |
|---|---|---|---|---|---|---|
| Io | vesto | vestivo | vestii | vestirò | vestirei | ho vestito |
| Tu | vesti | vestivi | vestisti | vestirai | vestiresti | hai vestito |
| Lui Lei | veste | vestiva | vestì | vestirà | vestirebbe | ha vestito |
| Noi | vestiamo | vestivamo | vestimmo | vestiremo | vestiremmo | abbimo vestito |
| Voi | vestite | vestivate | vestiste | vestirete | vestireste | avete vestito |
| Loro | vestono | vestivano | vestirono | vestiranno | vestirebbero | hanno vestito |

| Sub. | Presente | Imperfetto | Passato Remoto | Futuro | Cond | Passato Prossimo. |
|---|---|---|---|---|---|---|
| Io | arrivo | arrivavo | arrivai | arriverò | arriverei | sono arrivato |
| Tu | arrivi | arrivavi | arrivasti | arriverai | arriveresti | sei arrivato |
| Lui Lei | arriva | arrivava | arrivò | arriverà | arriverebbe | è arrivato |
| Noi | arriviamo | arrivavamo | arrivammo | arriveremo | arriveremmo | siamo arrivati |
| Voi | arrivate | arrivavate | arrivaste | arriverete | arrivereste | siet arrivati |
| Loro | arrivano | arrivavano | arrivarono | arriverannno | arriverebbero | sono arrivati |

learnverbs.com

| Sub. | Presente | Imperfetto | Passato Remoto | Futuro | Cond | Passato Prossimo. |
|---|---|---|---|---|---|---|
| Io | vedo | vedevo | vidi | vedrò | vedrei | ho visto |
| Tu | vedi | vedevi | vedesti | vedrai | vedresti | hai visto |
| Lui Lei | vede | vedeva | vide | vedrà | vedrebbe | ha visto |
| Noi | vediamo | vedevamo | vedemmo | vedremo | vedremmo | abbiamo visto |
| Voi | vedete | vedevate | vedeste | vedrete | vedreste | avete visto |
| Loro | vedono | vedevano | videro | vedranno | vedrebbero | hanno visto |

learnverbs.com

| Sub. | Presente | Imperfetto | Passato Remoto | Futuro | Cond | Passato Prossimo. |
|---|---|---|---|---|---|---|
| Io | grido | gridavo | gridai | griderò | griderei | ho gridato |
| Tu | gridi | gridavi | gridasti | griderai | grideresti | hai gridato |
| Lui Lei | grida | gridava | gridò | griderà | griderebbe | ha gridado |
| Noi | gridiamo | gridavamo | gridammo | grideremo | grideremmo | abbiamo gridado |
| Voi | gridate | gridavate | gridaste | griderete | gridereste | avete gridado |
| Loro | gridano | gridavano | gridarono | grideranno | griderebbero | hanno gridado |

learnverbs.com

| Sub. | Presente | Imperfetto | Passato Remoto | Futuro | Cond | Passato Prossimo. |
|---|---|---|---|---|---|---|
| Io | sento | sentivo | sentii | sentirò | sentirei | ho sentito |
| Tu | senti | sentivi | sentisti | sentirai | sentiresti | hai sentito |
| Lui Lei | sente | sentiva | sentì | sentirà | sentirebbe | ha sentito |
| Noi | sentiamo | sentivamo | sentimmo | sentiremo | sentiremmo | abbiamo sentito |
| Voi | sentite | sentivate | sentiste | sentirete | sentireste | avete sentito |
| Loro | sentono | sentivano | sentirono | sentiranno | sentirebbero | hanno sentito |

learnverbs.com

| Sub. | Presente | Imperfetto | Passato Remoto | Futuro | Cond | Passato Prossimo. |
|---|---|---|---|---|---|---|
| Io | picchio | picchiavo | picchiai | picchierò | picchierei | ho picchiato |
| Tu | picchii | picchiavi | picchiasti | picchierai | picchieresti | hai picchiato |
| Lui Lei | picchia | picchiava | picchiò | picchierà | picchierebbe | ha picchiato |
| Noi | picchiamo | picchiavamo | picchiammo | picchieremo | picchieremmo | abbiam picchiato |
| Voi | picchiate | picchiavate | picchiaste | picchierete | picchiereste | avete picchiato |
| Loro | picchiano | picchiavano | picchiarono | picchieranno | picchierebbero | hanno picchiato |

# Separare

learnverbs.com

| Sub. | Presente | Imperfetto | Passato Remoto | Futuro | Cond | Passato Prossimo. |
|---|---|---|---|---|---|---|
| Io | separo | separavo | separai | separerò | separerei | ho separato |
| Tu | separi | separavi | separasti | separerai | separeresti | hai separato |
| Lui Lei | separa | separava | separò | separerà | separerebbe | ha separato |
| Noi | separiamo | separavamo | separammo | separeremo | separeremmo | abbiamo separato |
| Voi | separate | separavate | separaste | separerete | separereste | avete separato |
| Loro | separano | separavano | separarono | separeranno | separerebbero | hanno separato |

learnverbs.com

| Sub. | Presente | Imperfetto | Passato Remoto | Futuro | Cond | Passato Prossimo. |
|---|---|---|---|---|---|---|
| Io | chiudo | chiudevo | chiusi | chiuderò | chiuderei | ho chiuso |
| Tu | chiudi | chiudevi | chiudesti | chiuderai | chiuderesti | hai chiuso |
| Lui Lei | chiude | chiudeva | chiuse | chiuderà | chiuderebbe | ha chiuso |
| Noi | chiudiamo | chiudevamo | chiudemmo | chiuderemo | chiuderemmo | abbiamo chiuso |
| Voi | chiudete | chiudevate | chiudeste | chiuderete | chiudereste | avete chiuso |
| Loro | chiudono | chiudevano | chiusero | chiuderanno | chiuderebbero | hanno chiuso |

# Dimenticare

learnverbs.com

| Sub. | Presente | Imperfetto | Passato Remoto | Futuro | Cond | Passato Prossimo. |
|---|---|---|---|---|---|---|
| Io | dimentico | dimenticavo | dimenticai | dimenticherò | dimenticherei | ho dimenticato |
| Tu | dimentichi | dimenticavi | dimenticasti | dimenticherai | dimentich-eresti | hai dimenticato |
| Lui Lei | dimentica | dimenticava | dimenticò | dimenticherà | dimentiche-rebbe | ha dimenticato |
| Noi | dimenti-chiamo | dimenti-cavamo | dimenticammo | dimentich-eremo | dimentiche-remmo | abbiamo dimenticato |
| Voi | dimenticate | dimenticavate | dimenticaste | dimenticherete | dimentiche-reste | avete dimenticato |
| Loro | dimenticano | dimenticavano | dimenticarono | dimentich-eranno | dimentiche-rebbero | hanno dimenticato |

# Ricordare

| Sub. | Presente | Imperfetto | Passato Remoto | Futuro | Cond | Passato Prossimo. |
|---|---|---|---|---|---|---|
| Io | ricordo | ricordavo | ricordai | ricorderò | ricorderei | ho ricordato |
| Tu | ricordi | ricordavi | ricordasti | ricorderai | ricorderesti | hai ricordato |
| Lui Lei | ricorda | ricordava | ricordò | ricorderà | ricorderebbe | ha ricordato |
| Noi | ricordiamo | ricordavamo | ricordammo | ricorderemo | ricorderemmo | abbiamo ricordato |
| Voi | ricordate | ricordavate | ricordaste | ricorderete | ricordereste | avete ricordato |
| Loro | ricordano | ricordavano | ricordarono | ricorderanno | ricorderebbero | hanno ricordato |

# Piovere

learnverbs.com

| Sub. | Presente | Imperfetto | Passato Remoto | Futuro | Cond | Passato Prossimo. |
|---|---|---|---|---|---|---|
| | | | | | | |
| | | | | | | |
| | piove | pioveva | piovve | pioverà | pioverebbe | ha piovuto |
| | | | | | | |
| | | | | | | |
| | | | | | | |

# Parlare  to talk | hablar

learnverbs.com

| Sub. | Presente | Imperfetto | Passato Remoto | Futuro | Cond | Passato Prossimo. |
|---|---|---|---|---|---|---|
| Io | parlo | parlavo | parlai | parlerò | parlerei | ho parlato |
| Tu | parli | parlavi | parlasti | parlerai | parleresti | hai parlato |
| Lui Lei | parla | parlava | parlò | parlerà | parlerebbe | ha parlato |
| Noi | parliamo | parlavamo | parlammo | parleremo | parleremmo | abbiamo parlato |
| Voi | parlate | parlavate | parlaste | parlerete | parlereste | avete parlato |
| Loro | parlano | parlavano | parlarono | parleranno | parlerebbero | hanno parlato |

# Inciampare

learnverbs.com

| Sub. | Presente | Imperfetto | Passato Remoto | Futuro | Cond | Passato Prossimo. |
|---|---|---|---|---|---|---|
| Io | inciampo | inciampavo | inciampai | inciamperò | inciamperei | sono inciampato |
| Tu | inciampi | inciampavi | inciampasti | inciamperai | inciamperesti | sei inciampato |
| Lui Lei | inciampa | inciampava | inciampò | inciamperà | inciamperebbe | è inciampato |
| Noi | inciampiamo | inciampavamo | inciampammo | inciamperemo | inciamper-emmo | siamo inciampati |
| Voi | inciampate | inciampavate | inciampaste | inciamperete | inciampereste | siete inciampati |
| Loro | inciampano | inciampavano | inciamparono | inciamperanno | inciamper-ebbero | sono inciampati |

learnverbs.com

| Sub. | Presente | Imperfetto | Passato Remoto | Futuro | Cond | Passato Prossimo. |
|---|---|---|---|---|---|---|
| Io | calcio | calciavo | calciai | calcerò | calcerei | ho calciato |
| Tu | calci | calciavi | calciasti | calcerai | calceresti | hai calciato |
| Lui Lei | calcia | calciava | calciò | calcerà | calcerebbe | ha calciato |
| Noi | calciamo | calciavamo | calciammo | calceremo | calceremmo | abbiamo calciato |
| Voi | calciate | calciavate | calciaste | calcerete | calcereste | avete calciato |
| Loro | calciano | calciavano | calciarono | calceranno | calcerebbero | hanno calciato |

learnverbs.com

| Sub. | Presente | Imperfetto | Passato Remoto | Futuro | Cond | Passato Prossimo. |
|---|---|---|---|---|---|---|
| Io | penso | pensavo | pensai | penserò | penserei | ho pensato |
| Tu | pensi | pensavi | pensasti | penserai | penseresti | hai pensato |
| Lui Lei | pensa | pensava | pensò | penserà | penserebbe | ha pensato |
| Noi | pensiamo | pensavamo | pensammo | penseremo | penseremmo | abbiamo pensato |
| Voi | pensate | pensavate | pensaste | penserete | pensereste | avete pensato |
| Loro | pensano | pensavano | pensarono | penseranno | penserebbero | hanno pensato |

learnverbs.com

| Sub. | Presente | Imperfetto | Passato Remoto | Futuro | Cond | Passato Prossimo. |
|---|---|---|---|---|---|---|
| Io | sono | ero | fui | sarò | sarei | sono stato |
| Tu | sei | eri | fosti | sarai | saresti | sei stato |
| Lui Lei | è | era | fu | sarà | sarebbe | è stato |
| Noi | siamo | eravamo | fummo | saremo | saremmo | siamo stati |
| Voi | siete | eravate | foste | sarete | sareste | siete stati |
| Loro | sono | erano | furono | saranno | sarebbero | sono stati |

# Decidere

learnverbs.com

| Sub. | Presente | Imperfetto | Passato Remoto | Futuro | Cond | Passato Prossimo. |
|---|---|---|---|---|---|---|
| Io | decido | decidevo | decisi | deciderò | deciderei | ho deciso |
| Tu | decidi | decidevi | decidesti | deciderai | decideresti | hai deciso |
| Lui Lei | decide | decideva | decise | deciderà | deciderebbe | ha deciso |
| Noi | decidiamo | decidevamo | decidemmo | decideremo | decideremmo | abbiamo deciso |
| Voi | decidete | decidevate | decideste | deciderete | decidereste | avete deciso |
| Loro | decidono | decidevano | decisero | decideranno | deciderebbero | hanno deciso |

| Sub. | Presente | Imperfetto | Passato Remoto | Futuro | Cond | Passato Prossimo. |
|---|---|---|---|---|---|---|
| Io | so | sapevo | seppi | saprò | saprei | ho saputo |
| Tu | sai | sapevi | sapesti | saprai | sapresti | hai saputo |
| Lui Lei | sa | sapeva | seppe | saprà | saprebbe | ha saputo |
| Noi | sappiamo | sapevamo | sapemmo | sapremo | sapremmo | abbiamo saputo |
| Voi | sapete | sapevate | sapeste | saprete | sapreste | avete saputo |
| Loro | sanno | sapevano | seppero | sapranno | saprebbero | hanno saputo |

# Cambiare

learnverbs.com

| Sub. | Presente | Imperfetto | Passato Remoto | Futuro | Cond | Passato Prossimo. |
|---|---|---|---|---|---|---|
| Io | cambio | cambiavo | cambiai | cambierò | cambierei | ho / sono cambiato |
| Tu | cambi | cambiavi | cambiasti | cambierai | cambieresti | hai / sei cambiato |
| Lui Lei | cambia | cambiava | cambiò | cambierà | cambierebbe | ha / è cambiato |
| Noi | cambiamo | cambiavamo | cambiammo | cambieremo | cambieremmo | abbiamo cambiato / siamo cambiati |
| Voi | cambiate | cambiavate | cambiaste | cambierete | cambiereste | avete cambiato / siete cambiati |
| Loro | cambiano | cambiavano | cambiarono | cambieranno | cambierebbero | hanno cambiato / sono cambiati |

learnverbs.com

| Sub. | Presente | Imperfetto | Passato Remoto | Futuro | Cond | Passato Prossimo. |
|---|---|---|---|---|---|---|
| Io | imparo | imparavo | imparai | imparerò | imparerei | ho imparato |
| Tu | impari | imparavi | imparasti | imparerai | impareresti | hai imparato |
| Lui Lei | impara | imparava | imparò | imparerà | imparerebbe | ha imparato |
| Noi | impariamo | imparavamo | imparammo | impareremo | impareremmo | abbiamo imparato |
| Voi | imparate | imparavate | imparaste | imparerete | imparereste | avete imparato |
| Loro | imparano | imparavano | impararono | impareranno | imparerebbero | hanno imparato |

learnverbs.com

| Sub. | Presente | Imperfetto | Passato Remoto | Futuro | Cond | Passato Prossimo. |
|---|---|---|---|---|---|---|
| Io | studio | studiavo | studiai | studierò | studierei | ho studiato |
| Tu | studi | studiavi | studiasti | studierai | studieresti | hai studiato |
| Lui Lei | studia | studiava | studiò | studierà | studierebbe | ha studiato |
| Noi | studiamo | studiavamo | studiammo | studieremo | studieremmo | abbiamo studiato |
| Voi | studiate | studiavate | studiaste | studierete | studiereste | avete studiato |
| Loro | studiano | studiavano | studiarono | studieranno | studierebbero | hanno studiato |

| Sub. | Presente | Imperfetto | Passato Remoto | Futuro | Cond | Passato Prossimo. |
|---|---|---|---|---|---|---|
| Io | sogno | sognavo | sognai | sognerò | sognerei | ho sognato |
| Tu | sogni | sognavi | sognasti | sognerai | sogneresti | hai sognato |
| Lui Lei | sogna | sognava | sognò | sognerà | sognerebbe | ha sognato |
| Noi | sogniamo | sognavamo | sognammo | sogneremo | sogneremmo | abbiamo sognato |
| Voi | sognate | sognavate | sognaste | sognerete | sognereste | avete sognato |
| Loro | sognano | sognavano | sognarono | sogneranno | sognerebbero | hanno sognato |

# Iniziare

learnverbs.com

| Sub. | Presente | Imperfetto | Passato Remoto | Futuro | Cond | Passato Prossimo. |
|---|---|---|---|---|---|---|
| Io | inizio | iniziavo | iniziai | inizierò | inizierei | ho iniziato |
| Tu | inizi | iniziavi | iniziasti | inizierai | inizieresti | hai iniziato |
| Lui Lei | inizia | iniziava | iniziò | inizierà | inizierebbe | ha iniziato |
| Noi | iniziamo | iniziavamo | iniziammo | inizieremo | inizieremmo | abbiamo iniziato |
| Voi | iniziate | iniziavate | iniziaste | inizierete | iniziereste | avete iniziato |
| Loro | iniziano | iniziavano | iniziarono | inizieranno | inizierebbero | hanno iniziato |

learnverbs.com

| Sub. | Presente | Imperfetto | Passato Remoto | Futuro | Cond | Passato Prossimo. |
|---|---|---|---|---|---|---|
| Io | finisco | finivo | finii | finirò | finirei | ho finito |
| Tu | finisci | finivi | finisti | finirai | finiresti | hai finito |
| Lui Lei | finisce | finiva | finì | finirà | finirebbe | ha finito |
| Noi | finiamo | finivamo | finimmo | finiremo | finiremmo | abbiamo finito |
| Voi | finite | finivate | finiste | finirete | finireste | avete finito |
| Loro | finiscono | finivano | finirono | finiranno | finirebbero | hanno finito |

| Sub. | Presente | Imperfetto | Passato Remoto | Futuro | Cond | Passato Prossimo. |
|---|---|---|---|---|---|---|
| Io | vinco | vincevo | vinsi | vincerò | vincerei | ho vinto |
| Tu | vinci | vincevi | vincesti | vincerai | vinceresti | hai vinto |
| Lui Lei | vince | vinceva | vinse | vincerà | vincerebbe | ha vinto |
| Noi | vinciamo | vincevamo | vincemmo | vinceremo | vinceremmo | abbiamo vinto |
| Voi | vincete | vincevate | vinceste | vincerete | vincereste | avete vinto |
| Loro | vincono | vincevano | vinsero | vinceranno | vincerebbero | hanno vinto |

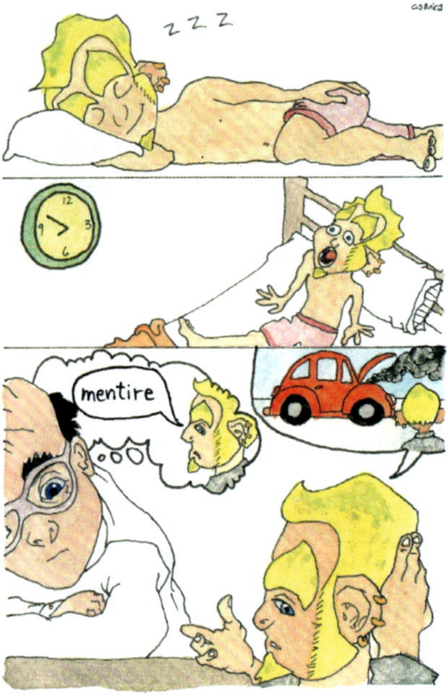


learnverbs.com

| Sub. | Presente | Imperfetto | Passato Remoto | Futuro | Cond | Passato Prossimo. |
|---|---|---|---|---|---|---|
| Io | mento | mentivo | mentii | mentirò | mentirei | ho mentito |
| Tu | menti | mentivi | mentisti | mentirai | mentiresti | hai mentito |
| Lui Lei | mente | mentiva | mentì | mentirà | mentirebbe | ha mentito |
| Noi | mentiamo | mentivamo | mentimmo | mentiremo | mentiremmo | abbiamo mentito |
| Voi | mentite | mentivate | mentiste | mentirete | mentireste | avete mentito |
| Loro | mentono | mentivano | mentirono | mentiranno | mentirebbero | hanno mentito |

| Sub. | Presente | Imperfetto | Passato Remoto | Futuro | Cond | Passato Prossimo. |
|---|---|---|---|---|---|---|
| Io | valuto | valutavo | valutai | valuterò | valuterei | ho valutato |
| Tu | valuti | valutavi | valutasti | valuterai | valuteresti | hai valutato |
| Lui Lei | valuta | valutava | valutò | valuterà | valuterebbe | ha valutato |
| Noi | valutiamo | valutavamo | valutammo | valuteremo | valuteremmo | abbiamo valutato |
| Voi | valutate | valutavate | valutaste | valuterete | valutereste | avete valutato |
| Loro | valutano | valutavano | valutarono | valuteranno | valuterebbero | hanno valutato |

learnverbs.com

| Sub. | Presente | Imperfetto | Passato Remoto | Futuro | Cond | Passato Prossimo. |
|---|---|---|---|---|---|---|
| Io | guido | guidavo | guidai | guiderò | guiderei | ho guidato |
| Tu | guidi | guidavi | guidasti | guiderai | guideresti | hai guidato |
| Lui Lei | guida | guidava | guidò | guiderà | guiderebbe | ha guidato |
| Noi | guidiamo | guidavamo | guidammo | guideremo | guideremmo | abbiamo guidato |
| Voi | guidate | guidavate | guidaste | guiderete | guidereste | avete guidato |
| Loro | guidano | guidavano | guidarono | guideranno | guiderebbero | hanno guidato |

# Contare

learnverbs.com

| Sub. | Presente | Imperfetto | Passato Remoto | Futuro | Cond | Passato Prossimo. |
|---|---|---|---|---|---|---|
| Io | conto | contavo | contai | conterò | conterei | ho contato |
| Tu | conti | contavi | contasti | conterai | conteresti | hai contato |
| Lui Lei | conta | contava | contò | conterà | conterebbe | ha contato |
| Noi | contiamo | contavamo | contammo | conteremo | conteremmo | abbiamo contato |
| Voi | contate | contavate | contaste | conterete | contereste | avete contato |
| Loro | contano | contavano | contarono | conteranno | conterebbero | hanno contato |

# Organizzare  to organise | ordenar

learnverbs.com

| Sub. | Presente | Imperfetto | Passato Remoto | Futuro | Cond | Passato Prossimo. |
|---|---|---|---|---|---|---|
| Io | organizzo | organizzavo | organizzai | organizzerò | organizz-erei | ho organizzato |
| Tu | organizzi | organizzavi | organizzasti | organizzerai | organizz-eresti | hai organizzato |
| Lui Lei | organizza | organizzava | organizzò | organizzerà | organizz-erebbe | ha organizzato |
| Noi | organiz-ziamo | organizz-avamo | organi-zzammo | organizz-eremo | organizz-eremmo | abbiamo organizzato |
| Voi | organizzate | organizz avate | organizzaste | organizz-erete | organizz-ereste | avete organizzato |
| Loro | organizzano | organizz avano | organizz-arono | organizz-eranno | organizz-erebbero | hanno organizzato |

# Costruire

learnverbs.com

| Sub. | Presente | Imperfetto | Passato Remoto | Futuro | Cond | Passato Prossimo. |
|---|---|---|---|---|---|---|
| Io | costruisco | costruivo | costruii | costruirò | costruirei | ho costruito |
| Tu | costruisci | costruivi | costruisti | costruirai | costruiresti | hai costruito |
| Lui Lei | costruisce | costruiva | costruì | costruirà | costruirebbe | ha costruito |
| Noi | costruiamo | costruivamo | costruimmo | costruiremo | costruiremmo | abbiamo costruito |
| Voi | costruite | costruivate | costruiste | costruirete | costruireste | avete costruito |
| Loro | costruiscono | costruivano | costruirono | costruiranno | costruirebbero | hanno costruito |

learnverbs.com

| Sub. | Presente | Imperfetto | Passato Remoto | Futuro | Cond | Passato Prossimo. |
|---|---|---|---|---|---|---|
| Io | pulisco | pulivo | pulii | pulirò | pulirei | ho pulito |
| Tu | pulisci | pulivi | pulisti | pulirai | puliresti | hai pulito |
| Lui Lei | pulisce | puliva | pulì | pulirà | pulirebbe | ha pulito |
| Noi | puliamo | pulivamo | pulimmo | puliremo | puliremmo | abbiamo pulito |
| Voi | pulite | pulivate | puliste | pulirete | pulireste | avete pulito |
| Loro | puliscono | pulivano | pulirono | puliranno | pulirebbero | hanno pulito |

# Lucidare

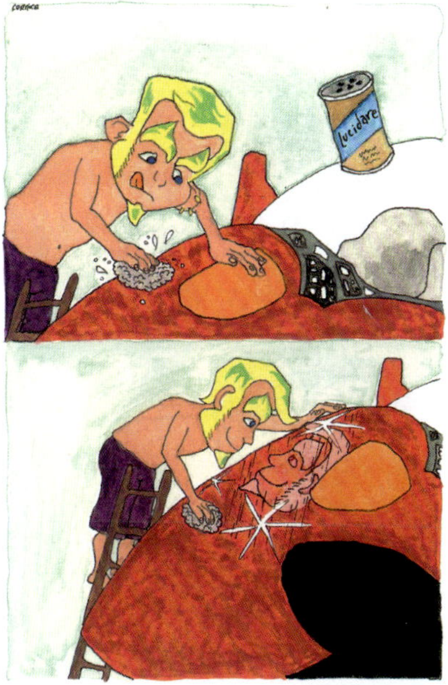


learnverbs.com

| Sub. | Presente | Imperfetto | Passato Remoto | Futuro | Cond | Passato Prossimo. |
|---|---|---|---|---|---|---|
| Io | lucido | lucidavo | lucidai | luciderò | luciderei | ho lucidato |
| Tu | lucidi | lucidavi | lucidasti | luciderai | lucideresti | hai lucidato |
| Lui Lei | lucida | lucidava | lucidò | luciderà | luciderebbe | ha lucidato |
| Noi | lucidiamo | lucidavamo | lucidammo | lucideremo | lucideremmo | abbiamo lucidato |
| Voi | lucidate | lucidavate | lucidaste | luciderete | lucidereste | avete lucidato |
| Loro | lucidano | lucidavano | lucidarono | lucideranno | luciderebbero | hanno lucidato |

| Sub. | Presente | Imperfetto | Passato Remoto | Futuro | Cond | Passato Prossimo. |
|---|---|---|---|---|---|---|
| Io | scrivo | scrivevo | scrissi | scriverò | scriverei | ho scritto |
| Tu | scrivi | scrivevi | scrivesti | scriverai | scriveresti | hai scritto |
| Lui Lei | scrive | scriveva | scrisse | scriverà | scriverebbe | ha scritto |
| Noi | scriviamo | scrivevamo | scrivemmo | scriveremo | scriveremmo | abbiamo scritto |
| Voi | scrivete | scrivevate | scriveste | scriverete | scrivereste | avete scritto |
| Loro | scrivono | scrivevano | scrissero | scriveranno | scriverebbero | hanno scritto |

learnverbs.com

| Sub. | Presente | Imperfetto | Passato Remoto | Futuro | Cond | Passato Prossimo. |
|---|---|---|---|---|---|---|
| Io | ricevo | ricevevo | ricevetti | riceverò | riceverei | ho ricevuto |
| Tu | ricevi | ricevevi | ricevesti | riceverai | riceveresti | hai ricevuto |
| Lui Lei | riceve | riceveva | ricevette | riceverà | riceverebbe | ha ricevuto |
| Noi | riceviamo | ricevevamo | ricevemmo | riceveremo | riceveremmo | abbiamo ricevuto |
| Voi | ricevete | ricevevate | riceveste | riceverete | ricevereste | avete ricevuto |
| Loro | ricevono | ricevevano | ricevettero | riceveranno | riceverebbero | hanno ricevuto |

learnverbs.com

| Sub. | Presente | Imperfetto | Passato Remoto | Futuro | Cond | Passato Prossimo. |
|---|---|---|---|---|---|---|
| Io | do | davo | diedi | darò | darei | ho dato |
| Tu | dai | davi | desti | darai | daresti | hai dato |
| Lui Lei | da | dava | diede | darà | darebbe | ha dato |
| Noi | diamo | davamo | demmo | daremo | daremmo | abbiamo dato |
| Voi | date | davate | deste | darete | dareste | avete dato |
| Loro | danno | davano | diedero | daranno | daraebbero | hanno dato |

# Mostrare

learnverbs.com

| Sub. | Presente | Imperfetto | Passato Remoto | Futuro | Cond | Passato Prossimo. |
|---|---|---|---|---|---|---|
| Io | mostro | mostravo | mostrai | mostrerò | mostrerei | ho mostrato |
| Tu | mostri | mostravi | mostrasti | mostrerai | mostreresti | hai mostrato |
| Lui Lei | mostra | mostrava | mostrò | mostrerà | mostrerebbe | ha mostrato |
| Noi | mostriamo | mostravamo | mostrammo | mostreremo | mostreremmo | abbiamo mostrato |
| Voi | mostrate | mostravate | mostraste | mostrerete | mostrereste | avete mostrato |
| Loro | mostrano | mostravano | mostrarono | mostreranno | mostrerebbero | hanno mostrato |

| Sub. | Presente | Imperfetto | Passato Remoto | Futuro | Cond | Passato Prossimo. |
|---|---|---|---|---|---|---|
| Io | bacio | baciavo | baciai | bacerò | bacerei | ho baciato |
| Tu | baci | baciavi | baciasti | bacerai | baceresti | hai baciato |
| Lui Lei | bacia | baciava | baciò | bacerà | bacerebbe | ha baciato |
| Noi | baciamo | baciavamo | baciammo | baceremo | baceremmo | abbiamo baciato |
| Voi | baciate | baciavate | baciaste | bacerete | bacereste | avete baciato |
| Loro | baciano | baciavano | baciarono | baceranno | bacerebbero | hanno baciato |

learnverbs.com

| Sub. | Presente | Imperfetto | Passato Remoto | Futuro | Cond | Passato Prossimo. |
|---|---|---|---|---|---|---|
| Io | compro | compravo | comprai | comprerò | comprerei | ho comprato |
| Tu | compri | compravi | comprasti | comprerai | compreresti | hai comprato |
| Lui Lei | compra | comprava | comprò | comprerà | comprerebbe | ha comprato |
| Noi | compriamo | compravamo | comprammo | compreremo | compreremmo | abbiamo comprato |
| Voi | comprate | compravate | compraste | comprerete | comprereste | avete comprato |
| Loro | comprano | compravano | comprarono | compreranno | compre-rebbero | hanno comprato |

learnverbs.com

| Sub. | Presente | Imperfetto | Passato Remoto | Futuro | Cond | Passato Prossimo. |
|---|---|---|---|---|---|---|
| Io | pago | pagavo | pagai | pagherò | pagherei | ho pagato |
| Tu | paghi | pagavi | pagasti | pagherai | pagheresti | hai pagato |
| Lui Lei | paga | pagava | pagò | pagherà | pagherebbe | ha pagato |
| Noi | paghiamo | pagavamo | pagammo | pagheremo | pagheremmo | abbiamo pagato |
| Voi | pagate | pagavate | pagaste | pagherete | paghereste | avete pagato |
| Loro | pagano | pagavano | pagarono | pagheranno | pagherebbero | hanno pagato |

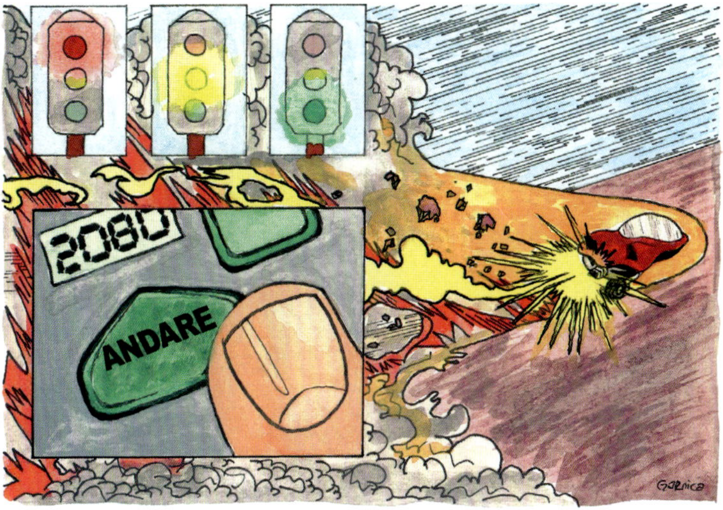


learnverbs.com

| Sub. | Presente | Imperfetto | Passato Remoto | Futuro | Cond | Passato Prossimo. |
|---|---|---|---|---|---|---|
| Io | vado | andavo | andai | andrò | andrei | sono andato |
| Tu | vai | andavi | andasti | andrai | andresti | sei andato |
| Lui Lei | va | andava | andò | andrà | andrebbe | è andato |
| Noi | andiamo | andavamo | andammo | andremo | andremmo | siamo andati |
| Voi | andate | andavate | andaste | andrete | andreste | siete andati |
| Loro | vanno | andavano | andarono | andranno | andrebbero | sono andati |

learnverbs.com

| Sub. | Presente | Imperfetto | Passato Remoto | Futuro | Cond | Passato Prossimo. |
|---|---|---|---|---|---|---|
| Io | mi sposo | mi sposavo | mi sposai | mi sposerò | mi sposerei | mi sono sposato |
| Tu | ti sposi | ti sposavi | ti sposasti | ti sposerai | ti sposeresti | ti sei sposato |
| Lui Lei | si sposa | si sposava | si sposò | si sposerà | si sposerebbe | si è sposato |
| Noi | ci sposiamo | ci sposavamo | ci sposammo | ci sposeremo | ci sposeremmo | ci siamo sposati |
| Voi | vi sposate | vi sposavate | vi sposaste | vi sposerete | vi sposereste | vi siete sposati |
| Loro | si sposano | si sposavano | si sposarono | si sposeranno | si sposerebbero | si sono sposati |

# Proibire

| Sub. | Presente | Imperfetto | Passato Remoto | Futuro | Cond | Passato Prossimo. |
|---|---|---|---|---|---|---|
| Io | proibisco | proibivo | proibii | proibirò | proibirei | ho proibito |
| Tu | proibisci | proibivi | proibisti | proibirai | proibiresti | hai proibito |
| Lui Lei | proibisce | proibiva | proibì | proibirà | proibirebbe | ha proibito |
| Noi | proibiamo | proibivamo | proibimmo | proibiremo | proibiremmo | abbiamo proibito |
| Voi | proibite | proibivate | proibiste | proibirete | proibireste | avete proibito |
| Loro | proibiscono | proibivano | proibirono | proibiranno | proibirebbero | hanno proibito |

learnverbs.com

| Sub. | Presente | Imperfetto | Passato Remoto | Futuro | Cond | Passato Prossimo. |
|---|---|---|---|---|---|---|
| Io | nuoto | nuotavo | nuotai | nuoterò | nuoterei | ho nuotato |
| Tu | nuoti | nuotavi | nuotasti | nuoterai | nuoteresti | hai nuotato |
| Lui Lei | nuota | nuotava | nuotò | nuoterà | nuoterebbe | ha nuotato |
| Noi | nuotiamo | nuotavamo | nuotammo | nuoteremo | nuoteremmo | abbiamo nuotato |
| Voi | nuotate | nuotavate | nuotaste | nuoterete | nuotereste | avete nuotato |
| Loro | nuotano | nuotavano | nuotarono | nuoteranno | nuoterebbero | hanno nuotato |

learnverbs.com

| Sub. | Presente | Imperfetto | Passato Remoto | Futuro | Cond | Passato Prossimo. |
|---|---|---|---|---|---|---|
| Io | amo | amavo | amai | amerò | amerei | ho amato |
| Tu | ami | amavi | amasti | amerai | ameresti | hai amato |
| Lui Lei | ama | amava | amò | amerà | amerebbe | ha amato |
| Noi | amiamo | amavamo | amammo | ameremo | ameremmo | abbiamo amato |
| Voi | amate | amavate | amaste | amerete | amereste | avete amato |
| Loro | amano | amavano | amarono | ameranno | amerebbero | hanno amato |

learnverbs.com

| Sub. | Presente | Imperfetto | Passato Remoto | Futuro | Cond | Passato Prossimo. |
|---|---|---|---|---|---|---|
| Io | salto | saltavo | saltai | salterò | salterei | ho saltato/ sono saltato |
| Tu | salti | saltavi | saltasti | salterai | salteresti | hai saltato/ sei saltato |
| Lui Lei | salta | saltava | saltò | salterà | salterebbe | ha saltato/ è saltato |
| Noi | saltiamo | saltavamo | saltammo | salteremo | salteremmo | abbiamo saltato / siamo saltati |
| Voi | saltate | saltavate | saltaste | salterete | saltereste | avete saltato / siete saltati |
| Loro | saltano | saltavano | saltarono | salteranno | salterebbero | hanno saltato / sono saltati |

# Girare

learnverbs.com

| Sub. | Presente | Imperfetto | Passato Remoto | Futuro | Cond | Passato Prossimo. |
|---|---|---|---|---|---|---|
| Io | giro | giravo | girai | girerò | girerei | ho girato |
| Tu | giri | giravi | girasti | girerai | gireresti | hai girato |
| Lui Lei | gira | girava | girò | girerà | girerebbe | ha girato |
| Noi | giriamo | giravamo | girammo | gireremo | gireremmo | abbiamo girato |
| Voi | girate | giravate | giraste | girerete | girereste | avete girato |
| Loro | girano | giravano | girarono | gireranno | girerebbero | hanno girato |

learnverbs.com

| Sub. | Presente | Imperfetto | Passato Remoto | Futuro | Cond | Passato Prossimo. |
|---|---|---|---|---|---|---|
| Io | controllo | controllavo | controllai | controllerò | controllerei | ho controllato |
| Tu | controlli | controllavi | controllasti | controllerai | controlleresti | hai controllato |
| Lui Lei | controlla | controllava | controllò | controllerà | controllerebbe | ha controllato |
| Noi | controlliamo | controllavamo | controllammo | controlleremo | controlle-remmo | abbiamo controllato |
| Voi | controllate | controllavate | controllaste | controllerete | controllereste | avete controllato |
| Loro | controllano | controllavano | controllarono | controlleranno | controlle-rebbero | hanno controllato |

# Ritornare

learnverbs.com

| Sub. | Presente | Imperfetto | Passato Remoto | Futuro | Cond | Passato Prossimo. |
|---|---|---|---|---|---|---|
| Io | ritorno | ritornavo | ritornai | ritornerò | ritornerei | sono ritornato |
| Tu | ritorni | ritornavi | ritornasti | ritornerai | ritorneresti | sei ritornato |
| Lui Lei | ritorna | ritornava | ritornò | ritornerà | ritornerebbe | è ritornato |
| Noi | ritorniamo | ritornavamo | ritornammo | ritorneremo | ritorneremmo | siamo ritornati |
| Voi | ritornate | ritornavate | ritornaste | ritornerete | ritornereste | siete ritornati |
| Loro | ritornano | ritornavano | ritornarono | ritorneranno | ritornerebbero | sono ritornati |

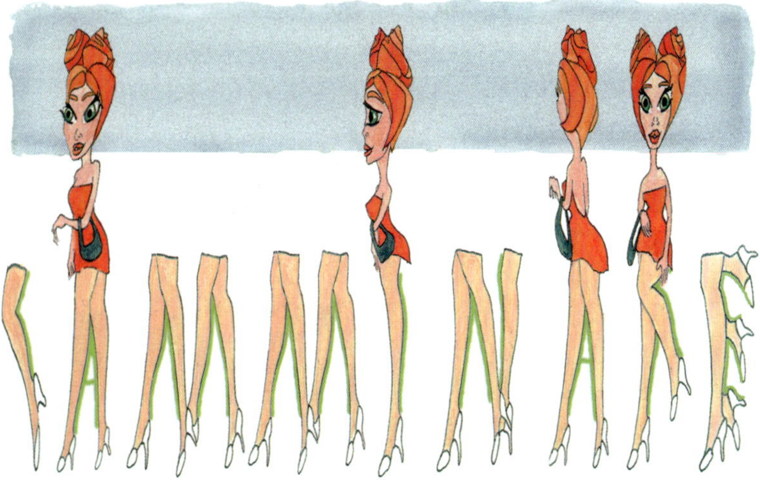

learnverbs.com

| Sub. | Presente | Imperfetto | Passato Remoto | Futuro | Cond | Passato Prossimo. |
|---|---|---|---|---|---|---|
| Io | cammino | camminavo | camminai | camminerò | camminerei | ho camminato |
| Tu | cammini | camminavi | camminasti | camminerai | cammineresti | hai camminato |
| Lui Lei | cammina | camminava | camminò | camminerà | camminerebbe | ha camminato |
| Noi | camminiamo | camminavamo | camminammo | cammineremo | cammi-neremmo | abbiamo camminato |
| Voi | camminate | camminavate | camminaste | camminerete | camminereste | avete camminato |
| Loro | camminano | camminavano | camminarono | cammineranno | cammi-nerebbero | hanno camminato |

learnverbs.com

| Sub. | Presente | Imperfetto | Passato Remoto | Futuro | Cond | Passato Prossimo. |
|---|---|---|---|---|---|---|
| Io | chiedo | chiedevo | chiesi | chiederò | chiederei | ho chiesto |
| Tu | chiedi | chiedevi | chiedesti | chiederai | chiederesti | hai chiesto |
| Lui Lei | chiede | chiedeva | chiese | chiederà | chiederebbe | ha chiesto |
| Noi | chiediamo | chiedevamo | chiedemmo | chiederemo | chiederemmo | abbiamo chiesto |
| Voi | chiedete | chiedevate | chiedeste | chiederete | chiedereste | avete chiesto |
| Loro | chiedono | chiedevano | chiesero | chiederanno | chiederebbero | hanno chiesto |

| Sub. | Presente | Imperfetto | Passato Remoto | Futuro | Cond | Passato Prossimo. |
|---|---|---|---|---|---|---|
| Io | entro | entravo | entrai | entrerò | entrerei | sono entrato |
| Tu | entri | entravi | entrasti | entrerai | entreresti | sei entrato |
| Lui Lei | entra | entrava | entrò | entrerà | entrerebbe | è entrato |
| Noi | entriamo | entravamo | entrammo | entreremo | entreremmo | siamo entrati |
| Voi | entrate | entravate | entraste | entrerete | entrereste | siete entrati |
| Loro | entrano | entravano | entrarono | entreranno | entrerebbero | sono entrati |

# Chiamare

learnverbs.com

| Sub. | Presente | Imperfetto | Passato Remoto | Futuro | Cond | Passato Prossimo. |
|---|---|---|---|---|---|---|
| Io | chiamo | chiamavo | chiamai | chiamerò | chiamerei | ho chiamato |
| Tu | chiami | chiamavi | chiamasti | chiamerai | chiameresti | hai chiamato |
| Lui Lei | chiama | chiamava | chiamò | chiamerà | chiamerebbe | ha chiamato |
| Noi | chiamiamo | chiamavamo | chiamammo | chiameremo | chiameremmo | abbiamo chiamato |
| Voi | chiamate | chiamavate | chiamaste | chiamerete | chiamereste | avete chiamato |
| Loro | chiamano | chiamavano | chiamarono | chiameranno | chiamerebbero | hanno chiamato |

| Sub. | Presente | Imperfetto | Passato Remoto | Futuro | Cond | Passato Prossimo. |
|---|---|---|---|---|---|---|
| Io | vengo | venivo | venni | verrò | verrei | sono venuto |
| Tu | vieni | venivi | venisti | verrai | verresti | sei venuto |
| Lui Lei | viene | veniva | venne | verrà | verrebbe | è venuto |
| Noi | veniamo | venivamo | venimmo | verremo | verremmo | siamo venuti |
| Voi | venite | venivate | veniste | verrete | verreste | siete venuti |
| Loro | vengono | venivano | vennero | verranno | verrebbero | sono venuti |

learnverbs.com

| Sub. | Presente | Imperfetto | Passato Remoto | Futuro | Cond | Passato Prossimo. |
|---|---|---|---|---|---|---|
| Io | seguo | seguivo | seguii | seguirò | seguirei | ho seguito |
| Tu | segui | seguivi | seguisti | seguirai | seguiresti | hai seguito |
| Lui Lei | segue | seguiva | seguì | seguirà | seguirebbe | ha seguito |
| Noi | seguiamo | seguivamo | seguimmo | seguiremo | seguiremmo | abbiamo seguito |
| Voi | seguite | seguivate | seguiste | seguirete | seguireste | avete seguito |
| Loro | seguono | seguivano | seguirono | seguiranno | seguirebbero | hanno seguito |

# Arrestare  to arrest | arrestar

learnverbs.com

| Sub. | Presente | Imperfetto | Passato Remoto | Futuro | Cond | Passato Prossimo. |
|---|---|---|---|---|---|---|
| Io | arresto | arrestavo | arrestai | arresterò | arresterei | ho arrestato |
| Tu | arresti | arrestavi | arrestasti | arresterai | arresteresti | hai arrestato |
| Lui Lei | arresta | arrestava | arrestò | arresterà | arresterebbe | ha arrestato |
| Noi | arrestiamo | arrestavamo | arrestammo | arresteremo | arresteremmo | abbiamo arrestato |
| Voi | arrestate | arrestavate | arrestaste | arresterete | arrestereste | avete arrestato |
| Loro | arrestano | arrestavano | arrestarono | arresteranno | arresterebbero | hanno arrestato |

# Aspettare

learnverbs.com

| Sub. | Presente | Imperfetto | Passato Remoto | Futuro | Cond | Passato Prossimo. |
|---|---|---|---|---|---|---|
| Io | aspetto | aspettavo | aspettai | aspetterò | aspetterei | ho aspettato |
| Tu | aspetti | aspettavi | aspettasti | aspetterai | aspetteresti | hai aspettato |
| Lui Lei | aspetta | aspettava | aspettò | aspetterà | aspetterebbe | ha aspettato |
| Noi | aspettiamo | aspettavamo | aspettammo | aspetteremo | aspetteremmo | abbiamo aspettato |
| Voi | aspettate | aspettavate | aspettaste | aspetterete | aspettereste | avete aspettato |
| Loro | aspettano | aspettavano | aspettarono | aspetteranno | aspetterebbero | hanno aspettato |

learnverbs.com

| Sub. | Presente | Imperfetto | Passato Remoto | Futuro | Cond | Passato Prossimo. |
|---|---|---|---|---|---|---|
| Io | saluto | salutavo | salutai | saluterò | saluterei | ho salutato |
| Tu | saluti | salutavi | salutasti | saluterai | saluteresti | hai salutato |
| Lui Lei | saluta | salutava | salutò | saluterà | saluterebbe | ha salutato |
| Noi | salutiamo | salutavamo | salutammo | saluteremo | saluteremmo | abbiamo salutato |
| Voi | salutate | salutavate | salutaste | saluterete | salutereste | avete salutato |
| Loro | salutano | salutavano | salutarono | saluteranno | saluterebbero | hanno salutato |

learnverbs.com

| Sub. | Presente | Imperfetto | Passato Remoto | Futuro | Cond | Passato Prossimo. |
|---|---|---|---|---|---|---|
| Io | viaggio | viaggiavo | viaggiai | viaggerò | viaggerei | ho viaggiato |
| Tu | viaggi | viaggiavi | viaggiasti | viaggerai | viaggeresti | hai viaggiato |
| Lui Lei | viaggia | viaggiava | viaggiò | viaggerà | viaggerebbe | ha viaggiato |
| Noi | viaggiamo | viaggiavamo | viaggiammo | viaggeremo | viaggeremmo | abbiamo viaggiato |
| Voi | viaggiate | viaggiavate | viaggiaste | viaggerete | viaggereste | avete viaggiato |
| Loro | viaggiano | viaggiavano | viaggiarono | viaggeranno | viaggerebbero | hanno viaggiato |

| Sub. | Presente | Imperfetto | Passato Remoto | Futuro | Cond | Passato Prossimo. |
|---|---|---|---|---|---|---|
| Io | sbatto | sbattevo | sbattei | sbatterò | sbatterei | ho sbattuto |
| Tu | sbatti | sbattevi | sbattesti | sbatterai | sbatteresti | hai sbattuto |
| Lui Lei | sbatte | sbatteva | sbatté | sbatterà | sbatterebbe | ha sbattuto |
| Noi | sbattiamo | sbattevamo | sbattemmo | sbatteremo | sbatteremmo | abbiamo sbattuto |
| Voi | sbattete | sbattevate | sbatteste | sbatterete | sbattereste | avete sbattuto |
| Loro | sbattono | sbattevano | sbatterono | sbatteranno | sbatterebbero | hanno sbattuto |

# Riparare

| Sub. | Presente | Imperfetto | Passato Remoto | Futuro | Cond | Passato Prossimo. |
|---|---|---|---|---|---|---|
| Io | riparo | riparavo | riparai | riparerò | riparerei | ho riparato |
| Tu | ripari | riparavi | riparasti | riparerai | ripareresti | hai riparato |
| Lui Lei | ripara | riparava | riparò | riparerà | riparerebbe | ha riparato |
| Noi | ripariamo | riparavamo | riparammo | ripareremo | ripareremmo | abbiamo riparato |
| Voi | riparate | riparavate | riparaste | riparerete | riparereste | avete riparato |
| Loro | riparano | riparavano | ripararono | ripareranno | riparerebbero | hanno riparato |

# Tacere



## to be quiet | callar

learnverbs.com

| Sub. | Presente | Imperfetto | Passato Remoto | Futuro | Cond | Passato Prossimo. |
|---|---|---|---|---|---|---|
| Io | taccio | tacevo | tacqui | tacerò | tacerei | ho taciuto |
| Tu | taci | tacevi | tacesti | tacerai | taceresti | hai taciuto |
| Lui Lei | tace | taceva | tacque | tacerà | tacerebbe | ha taciuto |
| Noi | tacciamo | tacevamo | tacemmo | taceremo | taceremmo | abbiamo taciuto |
| Voi | tacete | tacevate | taceste | tacerete | tacereste | avete taciuto |
| Loro | tacciono | tacevano | tacquero | taceranno | tacerebbero | hanno taciuto |

| Sub. | Presente | Imperfetto | Passato Remoto | Futuro | Cond | Passato Prossimo. |
|---|---|---|---|---|---|---|
| Io | accendo | accendevo | accesi | accenderò | accenderei | ho acceso |
| Tu | accendi | accendevi | accendesti | accenderai | accenderesti | hai acceso |
| Lui Lei | accende | accendeva | accese | accenderà | accenderebbe | ha acceso |
| Noi | accendiamo | accendevamo | accendemmo | accenderemo | accende-remmo | abbiamo acceso |
| Voi | accendete | accendevate | accendeste | accenderete | accendereste | avete acceso |
| Loro | accendono | accendevano | accesero | accenderanno | accende-rebbero | hanno acceso |

# Portare



## to carry | llevar

learnverbs.com

| Sub. | Presente | Imperfetto | Passato Remoto | Futuro | Cond | Passato Prossimo. |
|---|---|---|---|---|---|---|
| Io | porto | portavo | portai | porterò | porterei | ho portato |
| Tu | porti | portavi | portasti | porterai | porteresti | hai portato |
| Lui Lei | porta | portava | portò | porterà | porterebbe | ha portato |
| Noi | portiamo | portavamo | portammo | porteremo | porteremmo | abbiamo portato |
| Voi | portate | portavate | portaste | porterete | portereste | avete portato |
| Loro | portano | portavano | portarono | porteranno | porterebbero | hanno portato |

learnverbs.com

| Sub. | Presente | Imperfetto | Passato Remoto | Futuro | Cond | Passato Prossimo. |
|---|---|---|---|---|---|---|
| Io | taglio | tagliavo | tagliai | taglierò | taglierei | ho tagliato |
| Tu | tagli | tagliavi | tagliasti | taglierai | taglieresti | hai tagliato |
| Lui Lei | taglia | tagliava | tagliò | taglierà | taglierebbe | ha tagliato |
| Noi | tagliamo | tagliavamo | tagliammo | taglieremo | taglieremmo | abbiamo tagliato |
| Voi | tagliatc | tagliavate | tagliaste | taglierete | tagliereste | avete tagliato |
| Loro | tagliano | tagliavano | tagliarono | taglieranno | taglierebbero | hanno tagliato |

| Sub. | Presente | Imperfetto | Passato Remoto | Futuro | Cond | Passato Prossimo. |
|---|---|---|---|---|---|---|
| Io | faccio | facevo | feci | farò | farei | ho fatto |
| Tu | fai | facevi | facesti | farai | faresti | hai fatto |
| Lui Lei | fa | faceva | fece | farà | farebbe | ha fatto |
| Noi | facciamo | facevamo | facemmo | faremo | faremmo | abbiamo fatto |
| Voi | fate | facevate | faceste | farete | fareste | avete fatto |
| Loro | fanno | facevano | fecero | faranno | farebbero | hanno fatto |

# Registrare

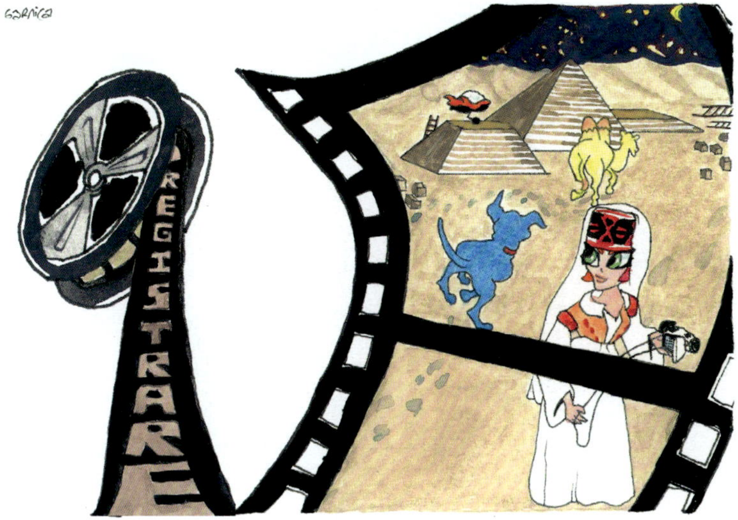


learnverbs.com

| Sub. | Presente | Imperfetto | Passato Remoto | Futuro | Cond | Passato Prossimo. |
|---|---|---|---|---|---|---|
| Io | registro | registravo | registrai | registrerò | registrerei | ho registrato |
| Tu | registri | registravi | registrasti | registrerai | registreresti | hai registrato |
| Lui Lei | registra | registrava | registrò | registrerà | registrerebbe | ha registrato |
| Noi | registriamo | registravamo | registrammo | registreremo | registreremmo | abbiamo registrato |
| Voi | registrate | registravate | registraste | registrerete | registrereste | avete registrato |
| Loro | registrano | registravano | registrarono | registreranno | registrer-ebbero | hanno registrato |

learnverbs.com

| Sub. | Presente | Imperfetto | Passato Remoto | Futuro | Cond | Passato Prossimo. |
|---|---|---|---|---|---|---|
| Io | mangio | mangiavo | mangiai | mangerò | mangerei | ho mangiato |
| Tu | mangi | mangiavi | mangiasti | mangerai | mangeresti | hai mangiato |
| Lui Lei | mangia | mangiava | mangiò | mangerà | mangerebbe | ha mangiato |
| Noi | mangiamo | mangiavamo | mangiammo | mangeremo | mangeremmo | abbiamo mangiato |
| Voi | mangiate | mangiavate | mangiaste | mangerete | mangereste | avete mangiato |
| Loro | mangiano | mangiavano | mangiarono | mangeranno | mangerebbero | hanno mangiato |

learnverbs.com

| Sub. | Presente | Imperfetto | Passato Remoto | Futuro | Cond | Passato Prossimo. |
|---|---|---|---|---|---|---|
| Io | passeggio | passeggiavo | passeggiai | passeggerò | passeggerei | ho passeggiato |
| Tu | passeggi | passeggiavi | passeggiasti | passeggerai | passeggeresti | hai passeggiato |
| Lui Lei | passeggia | passeggiava | passeggiò | passeggerà | passeggerebbe | ha passeggiato |
| Noi | passeggiamo | passeggi-avamo | passeggi-ammo | passeggeremo | passegge-remmo | abbiamo passeggiato |
| Voi | passeggiate | passeggiavate | passeggiaste | passeggerete | passeggereste | avete passeggiato |
| Loro | passeggiano | passeggi-avano | passeggi-arono | passeggeranno | passeggre-bbero | hanno passeggiato |

learnverbs.com

| Sub. | Presente | Imperfetto | Passato Remoto | Futuro | Cond | Passato Prossimo. |
|---|---|---|---|---|---|---|
| Io | sto | stavo | stetti | starò | starei | sono stato |
| Tu | stai | stavi | stesti | starai | staresti | sei stàto |
| Lui Lei | sta | stava | stette | starà | starebbe | è stato |
| Noi | stiamo | stavamo | stemmo | staremo | staremmo | siamo stati |
| Voi | state | stavate | steste | starete | stareste | siete stati |
| Loro | stanno | stavano | stettero | staranno | starebbero | sono stati |

# Fermarsi

learnverbs.com

| Sub. | Presente | Imperfetto | Passato Remoto | Futuro | Cond | Passato Prossimo. |
|---|---|---|---|---|---|---|
| Io | mi fermo | mi fermavo | mi fermai | mi fermerò | mi fermerei | mi sono fermato |
| Tu | ti fermi | ti fermavi | ti fermasti | ti fermerai | ti fermeresti | ti sei fermato |
| Lui Lei | si ferma | si fermava | si fermò | si fermerà | si fermerebbe | si è fermato |
| Noi | ci fermiamo | ci fermavamo | ci fermammo | ci fermeremo | ci fermeremmo | ci siamo fermati |
| Voi | vi fermate | vi fermavate | vi fermaste | vi fermerete | vi fermereste | vi siete fermati |
| Loro | si fermano | si fermavano | si fermarono | si fermeranno | si fermerebbero | si sono fermati |

# Index

## Italian



## English

## Spanish

# Picture Challenge

1. Who is the lion trying to protect on page 98?
2. What is the occupation of the man who sits on the chair on page 2?
3. What is the dog's name?
4. What happens to the gambler later on in the book after he loses all his money?
5. Where does the man get the flowers from on page 66?
6. How does the teacher know the student is lying on page 56?
7. What did the artist forget to draw on page 81?
8. What is different about the woman on page 64?
9. How many times does the thief appear in this book?

# Test Visual

1. ¿A quién intenta proteger el león de la página 98?
2. ¿A qué se dedica el hombre sentado en la silla de la página 2?
3. ¿Cómo se llama el perro?
4. ¿Qué le ocurre al jugador cuando pierde todo su dinero?
5. ¿De dónde saca el hombre de la página 66 las flores?
6. ¿Cómo sabe el profesor de la página 56 que el alumno le está mintiendo?
7. ¿Qué olvidó dibujar el artista de la página 81?
8. ¿Qué hay de extraño en la mujer de la página 64?
9. ¿Cuantas veces aparece el ladrón en este libro?

# Acknowledgements

Julian Wilkins, Xavier Ortiz, Olivia Branco, Barnaby Irving, Tristan Phipps, Ana Lucia Umpierre Leite, Marcela Slade (Book Cover Design), Jody Deane, Ina Wolbers, Nia, Natalia, Marta Lamolla, Joachim von Hülsen, Betty (the French girl), Pru and Chatter.

Rosamund Place, Jane Gaggero, Jeanie Eldon (Catalan teacher.)

Chris Ryland (*emsoftware*) For Xdata.

Special thanks to Dr. Josep-Lluís González Medina who not only reviewed the book but gave valuable feedback on the 1st edition so that the 2nd edition could be perfected. I would also like to thank the four students (also from Eton) for their constuctive feedback which helped with the last minute changes - Freddie Caldecott, Adeola Afolami, Charlie Donaldson and George Prior-Palmer.

Sue Tricio, Suzi Turner, Mrs K Merino, Maggie Bowen, Karen Brooks, Susana Boniface, Sandra Brown Hart, Mrs. R. Place, Mrs. A. Coles, Lynda McTier, Christine Ransome, Ann Marie Butemann, Paul Delaney, Mrs. Eames, Mrs. G. Bartolome, Dr. Marianne Ofner, Gail Bruce, Janet R. Holland, Cheryl Smedley, Mrs. C. Quirk, Will Fergie, Alice Dobson, Tamara Oughtred, Cathy Yates, Tessa Judkins, Andy Lowe, Andrea White and Kant Mann.

Thanks Fran for your talent, enthusiasm and professionalism, you're a great artist!!!

# About the Author

Rory Ryder created the idea and concept of *Learn 101 Verbs in 1 Day* after finding most verb books time consuming and outdated. Most of the people he spoke to, found it very frustrating trying to remember the verbs and conjugations simply by repetition. He decided to develop a book that makes it easy to remember the key verbs and conjugations but which is also fun and very simple to use. Inspired by Barcelona, where he now lives, he spends the majority of his time working on new and innovative ideas.

---

# Sobre el Autor

Rory Ryder ideó la colección *Aprende 101 verbos en 1 día* tras descubrir que la mayoría de gramáticas basaban el aprendizaje de los verbos y sus conjugaciones en la repetición constante de estructuras. Un enfoque anticuado que exige un gran esfuerzo al alumno, provocando muchas veces su desinterés. Este método convierte al lector en sujeto activo, haciendo del estudio verbal una actividad fácil, agradable y amena. Una concepción creativa e innovadora, inspirada en Barcelona, ciudad donde reside actualmente.

# Other Tsunami Systems Books
## Otros títulos de Tsunami Systems

### Learn **101** Verbs in **1** Day Series

| | | |
|---|---|---|
| Learn 101 Catalan Verbs in 1 Day | - | ISBN 84-609-5468-4 |
| Learn 101 English Verbs in 1 Day | - | ISBN 84-609-4541-3 |
| Learn 101 French Verbs in 1 Day | - | ISBN 84-609-4545-6 |
| Learn 101 German Verbs in 1 Day | - | ISBN 84-609-4537-5 |
| Learn 101 Italian Verbs in 1 Day | - | ISBN 84-609-4540-5 |
| Learn 101 Portuguese Verbs in 1 Day | - | ISBN 84-609-4543-X |
| Learn 101 Spanish Verbs in 1 Day | - | ISBN 84-609-4539-1 |
| Learn 101 Spanish Verbs in 1 Day (large format) | - | ISBN 84-607-9637-X |
| Learn 101 Phrasal Verbs in 1 Day | - | ISBN 84-609-5469-2 |

### Aprende en **1** Día **101** Verbos

| | | |
|---|---|---|
| Aprende en 1 Día 101 Verbos en Alemán | - | ISBN 84-609-5463-3 |
| Aprende en 1 Día 101 Verbos en Catalán | - | ISBN 84-609-4547-2 |
| Aprende en 1 Día 101 Verbos en Español | - | ISBN 84-609-5466-8 |
| Aprende en 1 Día 101 Verbos en Francés | - | ISBN 84-609-4549-9 |
| Aprende en 1 Día 101 Verbos en Inglés | - | ISBN 84-609-4552-9 |
| Aprende en 1 Día 101 Verbos en Italiano | - | ISBN 84-609-5467-6 |
| Aprende en 1 Día 101 Verbos en Portugués | - | ISBN 84-609-5465-X |
| Aprende en 1 Día 101 *Phrasal Verbs* en Inglés | - | ISBN 84-609-4548-0 |